世界歴史の旅

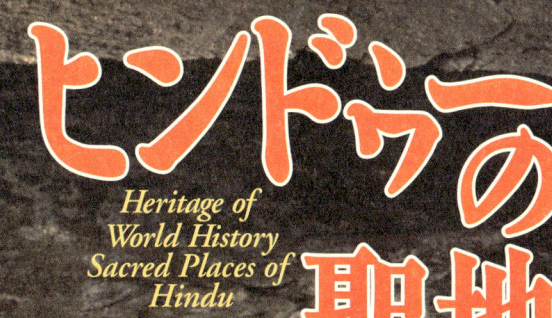

ヒンドゥーの聖地

Heritage of
World History
Sacred Places of
Hindu

立川武蔵＝著　大村次郷＝写真

山川出版社

まえがき

　インドに滞在するとき、きまって思うことがある。もしも今、飛行機もなく、自動車もなくなり、小さな帆船が残るのみになったならば、わたしは自分の国に帰ることができるだろうか。ハイウェイのある今ならば、東インドから東南アジア諸国を東へ抜け、ベトナムに達して、ハノイあたりから帆船に乗りこんで九州にたどり着くことができるだろう。しかし、かつてはメナム河やメコン河流域のジャングルを西から東へ通り抜けることなどは不可能だったにちがいない。バンコクから香港に飛ぶ飛行機の窓から、蛇行する河を呑み込んで広がるジャングルを見おろしていると、このジャングルを自分の足で歩くことなどとてもできないと思ってしまう。

　ならば、唐の三蔵法師玄奘が歩いた道をたどって長安、つまり今の西安まで馬で行くという方法があるではないか。デリーからインドの北端に近いスリナガルに出て、バーミヤンを通り、ヒンドゥクシュ山脈を越え、シルクロードを歩き、「長安」にたどり着く。実際に玄奘という歴史上の人物が行ったのだから、不可能なことではないかもしれない。しかし、まさに気が遠くなるほどの距離だ。

　だが、それほどに遠く離れたところにも古来、人びとは移動していた。何千kmという道を旅したのち、その地で故郷の土地の文化を守り、それを残していった人びとが存在した。

　現在のインド人の主流をなしている民族をインド・アーリア人という。インド・アーリア人はサンスクリット、ギリシア語、ラテン語などを含むインド・ヨーロッパ語系に属しており、言語的にはドイツ人やイギリス人と仲間である。彼らは元来、カスピ海あたりに住んでいたと推定されるが、その一部が今日のイランに移り住んだ。彼らをインド・イラン人と呼ぶ。つまり、イラン人はインド人と「兄弟」なのである。そのインド・イラン人の一部が、「インド・アーリア人」として前1500年頃、あるいは最近の学説によればそれ以前にインド西北部のパンジャブ（五河）地方に移住し、今日のインドの主流をなす民族となった。今日のインド南部には、インド・ヨーロッパ語系には属さないドラヴィダ語を話す人びとが住んでいる。インド・アーリア人が西北インドに侵入した当時、ドラヴィダ系民族は南の方へと移り住まざるをえなかったのであろう。

　古代インド人たちは北方に巨大な山脈があることを知っていた。ヒマーラヤ山脈の南斜面には、インド・ヨーロッパ語系でもなく、ドラヴィダ系でもないチベット・ビルマ語系の言語を話す民族がいる。この言語はヒンディー語やベンガル語よりもむしろ日本語に近いのであるが、この種の言語を話す人びととの文化をもインドは呑み込んだ。例え

ば、中部ネパールのカトマンドゥ盆地に住むネワール人はチベット・ビルマ語系民族であるが、彼らのヒンドゥー教文化はまさしくインド平原にみられるヒンドゥー教正統派のそれである。インド東部にはアウストロ・アジア系の言語を話す人びとがわずかではあるが残っている。この言語はタイにおいてかつて用いられていたモン語やカンボジアで話されているクメール語などと同系である。

　インド人たちは東南アジアにも進出した。おそらくは海路によって、紀元4世紀のメコン・デルタにはヒンドゥー教文化がすでに伝えられていた。ヒンドゥー教はさらに、タイ、カンボジア、ジャワなどに伝播し、12～13世紀頃までは東南アジアにおいて強い勢力を保ち続けた。バリ島には土着文化と混交したかたちではあるが、今日もジャワから伝えられたヒンドゥー教文化が色濃く残っている。

　このようにインド文化は他の国に進出していったが、他の国の文化の進出を受けなかったわけではない。インドの約8割の人びとがヒンドゥー教徒であるが、今日では総人口の1割強、すなわち日本の総人口よりも多くの人びとがイスラム教徒である。また、キリスト教やパーシー教(拝火教)のインド社会における存在も無視できない。

　しかしながら言語も異なり、民族も異なった人びとが住む広大な地域において、数千年にわたって「ヒンドゥー教」と呼ばれる宗教形態は存在してきたのである。このヒンドゥー教がインドを数千年にわたって一つのまとまりある世界として存続することを可能にしたのである。

　イラン人と分かれたインド・アーリア人がインダス河流域に進出した3500～4000年前に「ヒンドゥー教(ヒンドゥイズム)」と呼ばれる宗教形態がすでに存在し、それが後世大きな変化もなく一貫してインドをとりまとめてきたわけではない。数千年の歴史のなかで「インド主義」(ヒンドゥイズム)とでも呼ぶべきヒンドゥー教は時代状況に対応しつつ自らをつくりかえた。そうすることによってヒンドゥー世界の統一を守ってきたのである。

　　2009年1月　　　　　　　　　　　　　　　　　　　　　　　　立川　武蔵

第Ⅰ部 ヒンドゥー教の歴史と思想

第1章　ヒンドゥー教の発展 —— 6
1　インド文化の時代区分
2　インド精神の基底
3　初期ヒンドゥー教
4　ヴィシュヌ
5　シヴァ
6　後期ヒンドゥー教
7　東南アジアのヒンドゥー教

第2章　ヴィシュヌ崇拝の発展 —— 25
1　行為の道、知識の道
2　『ギーター』における行為と知識の統一
3　帰依への三つの段階
4　カルマ・ヨーガの意味
5　化身するヴィシュヌ
6　ヴィシュヌへの帰依
7　ヴェーダ祭祀に対する評価
8　儀礼の内化

第3章　シヴァと女神たち —— 36
1　『王子の誕生』におけるパールヴァティー
2　シヴァ（ルドラ）の結婚
3　エネルギー（シャクティ）としての母(女)神
4　カーリダーサによる描写
5　シャクティ（力)とマター（物体)の共有

第Ⅱ部 ヒンドゥー教の世界を歩く

1　ガンジス河とヒンドゥー教 —— 48

ヴァーラーナシー/ベナーレス
ハリドワール/ハルドワール
リシケーシ

2　コルカタからオリッサへ —— 56

コルカタ/カルカッタ
オリッサ
プリー
コナーラク
ブバネーシュヴァル

3　ウッジャインからエローラ、プネーへ —— 67

ウッジャイン
エローラ
プネー

4　南インドのヒンドゥー教 —— 86

マハーバリプラム
カーンチープラム
マドゥライ
バーダーミとアイホーレ
カニャークマーリー

5　ネパールにおけるヒンドゥー教 —— 94

カトマンドゥ
パタン

6　東南アジア諸国のヒンドゥー教 —— 101

ベトナム
カンボジア
タイ
バリ

● コラム
　死後の世界 —— 50
　聖者ラーマクリシュナ —— 59
　「虚空リンガ」 —— 65

あとがき —— 118
参考文献／索引

第Ⅰ部
ヒンドゥー教の歴史と思想

灯火を回して神々に祈る。ヒンドゥー教では、火のなかに供物を投入するホーマ(護摩)よりもむしろプージャー(供養)つまり供物を神に捧げて祈る儀礼が一般的となった。プージャーの最後の部分では、アールティ(灯火を回すこと)がおこなわれる。ヴァーラーナシーのガンジス河畔。

第1章　ヒンドゥー教の発展

1 インド文化の時代区分

　異なる言語を話し、異なる民族に属する人びとが、インド亜大陸においてこれほどの長期間にわたって「インド主義」とでも呼ぶことのできる一つの文化的伝統をつくりあげてきた。その伝統を「ヒンドゥー教(ヒンドゥイズム)」あるいは「インド教」という。「ヒンドゥー」という語は、河、とくにインダス河を意味した「シンドゥ (Sindhu)」という語がペルシアに伝えられてインドを意味する語となり、さらに英語の「ヒンドゥー (Hindu)」となってインド教徒すなわちヒンドゥー教徒を意味することになったと考えられている。

　このように、「ヒンドゥー教」という語をインド主義というような広義に用いるほかに狭義で用いることがある。ヴェーダの宗教を「バラモン教」と呼び、ひとたび衰退した「ヴェーダの宗教」が後世、仏教などの非アーリア的諸要素を吸収して新しく生まれ変わった形態を狭義の「ヒンドゥー教(ヒンドゥイズム)」と呼ぶことがある。今日では、後者つまり狭義の用い方が一般的である。

　インド・アーリア人が西北インドに侵入してから、ヒンドゥー教はヒマーラヤ地方や東南アジアの国々に伝播し、その後、東南アジアにおいて勢力を失うが、インドやネパールにおいてはなお主要な宗教として機能している。その歴史的経過はじつに複雑である。インド・アーリア人の文化を中心としたヒンドゥー教は、周期的に非アーリア系の文化の台頭に対処しなければならなかった。つまり、インド文化は、アーリア系の文化と非アーリア系の文化との抗争・統合を周期的にくり返してきたのである。インド文化の特質は、数千年にわたってそのような交替劇を繰り返しながらも「ヒンドゥー教」と呼びうる文化的伝統を一貫して持ち続けてきたことである。このような長期間にわたる文化的伝統を「大陸」と呼ぶことのできる広い領域において維持することができたのは、世界においてインドと中国のみである。

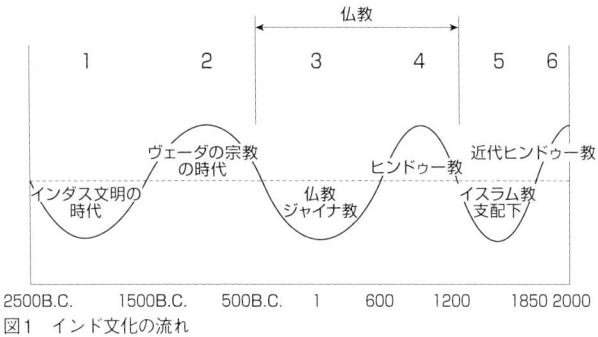

図1 インド文化の流れ

　インド亜大陸においてバラモン教およびヒンドゥー教がたどった数千年の歩みを1枚のグラフィック・デザインにあらわすとするならば、おそらくそれは蛇行に似たようなデザインとなろう(上図参照)。時間が過去から現在へと進むと考えるならば、インド文化史という「大蛇」は前2500年頃から第1回目の「くねり」を始め、現在第6回目のそれを見せている。

　インド文化史は、上図に見るように6期に分けられる。

第1期　インダス文明の時代──前2500〜前1500年
第2期　ヴェーダの宗教の時代（バラモン教の時代）
　　　　──前1500（2000という説もある）〜前500年
第3期　仏教などの非アーリア系文化の時代
　　　　──前500〜後600年
第4期　ヒンドゥー教興隆の時代──600〜1200年
第5期　イスラム教（イスラーム）支配下のヒンドゥー教の
　　　　時代──1200〜1850年
第6期　ヒンドゥー教復興の時代──1850年以降

　第1期は、インド北西部および今日のパキスタン領にまたがるインダス河流域において都市文明が栄えた時代である。ハラッパーやモヘンジョ・ダーロの遺跡が有名であるが、今日までに発掘された都市遺跡は百近くにものぼる。それらの都市では上水道や下水道の設備もあり、浴場、集会場もつくられていた。今日残されたおびただしい数の粘土板には明ら

ヴェーダ祭式の代表であるホーマ(homa)。古代バラモン社会にあっては、月2回、新月と満月の際に「新月祭・満月祭」と呼ばれるホーマ(火神アグニに供物を捧げること、護摩)がおこなわれたが、写真はこの祭式の変形である。今、祭官が供犠火のなかにバター油(ギー)を捧げている。1979年、プネー。

ヴェーダ祭式の典型であったホーマは、後世のヒンドゥー教の儀礼の一つの形態として残っている。写真は、マハーラーシュトラ州プネー市の西端にあるチャトゥフ・シュリンギー寺院においておこなわれた秋の大祭(ダサラー、十日目祭)の際のホーマである。

自宅に設けられた祭壇でホーマをおこなうバラモン僧。ヴェーダ儀礼は元来は屋外でおこなわれたが、時代が下るにつれて家のなかに祭壇が設けられるようになった。写真は、上の写真のホーマ祭式をおこなったバラモン僧のナーシクにおける自宅1階の儀礼場である。

かに文字と思われるものが見られるが、その文字あるいは言語はまだ解読されるにいたっていない。それらの粘土板には、後世、ヒンドゥー教の主要神となるシヴァの原型と思われる男神像、さらにはヒンドゥー教の地母神の1グループである「七母神(サプタ・マートリカー)」の原型と推定される女神たちの像も見られる。この期のインダス河流域では多神教的崇拝がおこなわれていたと考えられる。

インダス文明が、その後のインド文明に何らの影響もおよぼさなかったというわけではない。第2期「ヴェーダの宗教の時代」においてインダス文明の諸要素は、「文化の保管」として社会の表面下に蓄えられていたが、第3期の「非アーリア系文化の時代」において、このインダス文明の諸要素が社会の表面にあらわれたと考えられる。例えば、ヒンドゥー教におけるシヴァ崇拝や地母神信仰にインダス文明からの影響を認めることができよう。ヨーガの起源もアーリア文化のなかにではなくインダス文明のなかに求める説が有力である。

第2期「ヴェーダの宗教の時代」の膨大な諸文献のみならず、それらに基づいたもろもろの儀礼形態が今日、残されている。インド・アーリア人たちはインド五河(パンジャブ)地方に侵入した際、あるいはその2～3世紀後にはかなり複雑に発展した神話体系や儀礼形態を有していた。この時代の最古

の文献『リグ・ヴェーダ』は、神々への讃歌や神々に加護を祈る際の祭詞を集めたものであるが、前1200～前900年の編纂と推定されている。最近ではこの編纂の時期を数世紀早める説も出されている。ここにおさめられた祭詞は、ほとんどの場合、神話を詳しく語るのではなく、例えば「怪物ヴリトラを倒した英雄インドラ」というように、それぞれの神話に簡単に言及するのみである。つまり、「ヴリトラを殺した英雄」といえば、当時の人びとつまり『リグ・ヴェーダ』を詠う祭官たちはその神話を理解していたと考えられる。『リグ・ヴェーダ』の編纂時期は、もろもろの神話の成立しつつあった時期ではなく、すでに確立していた時期であったといえよう。

　儀礼において神に呼びかける言葉は、人間たちの願いを達成するために神々を鼓舞し神々に行動を起こさせる呪力を有するものであった。このような呪力を有する言葉が「ブラフマン(brahman)」と呼ばれた。この呪力ある祭詞ブラフマンを詠唱することが火のなかに供物を入れるホーマ(護摩)儀礼の中心的部分であったが、ブラフマンを詠い上げることは特

馬に乗る太陽神スーリア(左)と象に乗る英雄神インドラ(右)。これらはヴェーダに登場するよく知られた神々である。この写真は、プネー近郊にある仏教窟院バージャー石窟(1,2世紀)のものである。ヴェーダ祭式において基本的には神々の彫像はつくられなかった。仏教において造型活動はヒンドゥー教におけるよりも早く始まり、そこにはヴェーダの神々も描かれている。

第1章　ヒンドゥー教の発展

ガンジス河での沐浴。ヒンドゥー教徒は、ガンジス河の水は人びとの心身を浄めると信じている。水、火、風、樹木、石などの自然物のうち、水がもっとも強い浄化力をもつと考えられている。リシケーシ。

おさがりの花。ヒンドゥー教の寺院に参拝した人びとには、花や果実などのおさがり（プラサーダ、神よりの恵み）が与えられる。ハリドワール。

定の歌い手集団の専有であった。この歌い手集団がやがて「ブラフマンを専有する階級」つまりバラモン僧（ブラーフマナ〈brāhmaṇa〉）階級となった。

『リグ・ヴェーダ』に続いて『サーマ・ヴェーダ』『ヤジュル・ヴェーダ』および『アタルヴァ・ヴェーダ』といういわゆるヴェーダ本集（サンヒター）が編纂されたのち、そこに簡単に述べられていたにすぎない儀礼のやり方に対する詳細な規定、儀礼行為の解釈などを述べるブラーフマナ文献群（梵書）およびアーラニヤカ文献群（師が弟子に森林のなかで伝える森林書）が出現した。従来、この二つのジャンルは儀礼の説明書程度に考えられており、その重要性を強調する人はわずかであった。しかし、このブラーフマナやアーラニヤカこそ、後世ヒンドゥー教が成育する際の土壌となったのである。『リグ・ヴェーダ』などのヴェーダ本集は、神々へ対して詠う祭詞および簡潔な儀礼次第にすぎない。インドの宗教思想の実質的な血となり骨となったのはこの二つの文献群であり、ヒンドゥー教の諸神話とそれらに関する解釈がこれらの書のなかで熟成されていったのである。

ヴェーダおよびブラーフマナにみられる儀礼主義に対する反動としてウパニシャッド文献群があらわれた。これは、宇宙原理としてのブラフマンと個我としてのアートマンの本来的自己同一性を直証する形而上学的知を求めるものであった。このようにして、ヴェーダ、ブラーフマナおよびアーラニヤカ、ウパニシャッドの3グループが「ヴェーダの宗教の時代」すなわちインド宗教思想第2期の三大根幹となった。これらのうち、最初の二つのグループに基づく儀礼を重視する一方で、第3グループのウパニシャッドの提唱する形而上学的知をも追求した時期を「バラモン教の時代」（第2期）と呼ぶ。第2期のバラモン教は第3期の「仏教などの非アーリア系文化の時代」をくぐって、アーリア系の新しい文化として生まれかわったが、この新しい形態を狭義の「ヒンドゥー教（ヒンドゥイズム）」（第4期）と呼んでいる。以下、特別の断りがなければ、「ヒンドゥー教」という語は狭義に用いることにしたい。

2 インド精神の基底

　すでに述べたように、インドの長い歴史を通じて、バラモン正統主義はさまざまな異種の文化に出会う運命にあった。インド・アーリア人は、五河地方に侵入したのち、約1000年をかけてインド平原を東方へと進出していった。彼らがインド東部に達した頃には、生活形態はかなり変化していた。農業生産の技術の進歩によって食糧が確保され、新しい都市文明も生まれていた。このような状況のなかで、人びとは各自の精神的至福つまり「魂の救済」を求めるようになり、個人の精神的救済を追及するブッダの仏教やジナのジャイナ教が誕生したのである。もっともそのような個人の精神的至福は、バラモン教における第3の根幹であるウパニシャッド経典群にすでにその芽はみられたのであるが、ブッダやジナの態度、方法はウパニシャッドのそれよりもはるかに明瞭かつ個々人の実践に即したものであった。

　このような第3期「仏教などの非アーリア系文化の時代」の後半、つまり、紀元前後から600年頃までにかけてヒンドゥー教が成立し、600年頃にはヒンドゥー教の勢力は仏教のそれを凌ぐようになった。もっとも今日「ヒンドゥー教」と呼ばれている形態は、ヴェーダの宗教の再生したものでもあり、ヒンドゥー教の「芽」となる崇拝形態はすでに『リグ・ヴェーダ』にみられる。例えば、『リグ・ヴェーダ』のなかの末期編纂部分にはルドラ神（シヴァ神）やヴィシュヌ神が登場するが、この2神がヒンドゥー教の主要神となったのである。

　前1世紀頃までには、シヴァを崇拝する者たち（シヴァ教徒）とヴィシュヌを崇拝する者たち（ヴィシュヌ教徒）はヒンドゥー教の勢力を二分していたと考えられる。この二派は一応それぞれ独立した展開をみせてはいたが、両者間に激しい抗争はなかった。インド精神はほとんどあらゆる方面において統合あるいは融合を良きものとして追求する。例えば、二つの河の合流点あるいは川が海に注ぐ所などは「聖なるもの」としての意味を与えられる。このような精神のもとで、グプタ期に入るとこの二派の統合がはかられた。

ヴィシュヌ。マトゥラー地方では1世紀頃から仏像がつくられるようになったが、この地ではヒンドゥー教、ジャイナ教の神々の彫像もさかんにつくられた。写真は、そうしたマトゥラー彫刻の代表的作例である。グプタ朝5世紀頃。マトゥラー出土。国立博物館、ニューデリー。

シヴァ。ヴィシュヌと並んでこの神の彫像がつくられるようになったのは、紀元後のことと思われる。写真のシヴァ像はもっとも初期のものであろう。リシケーシ出土。バーラト博物館、リシケーシ。

グプタ朝初期において、シヴァ派とヴィシュヌ派は激しく対立したわけではなかったが、両者の統合に際しては両者のあいだに立つものの存在を必要とした。その仲介者として選ばれたのは、宇宙の根本原理ブラフマン(梵)が人格化された男神ブラフマーであった。ヴェーダの宗教の後期にあってブラフマー神はかなりの勢力を有していたが、グプタ朝下のヒンドゥー教興隆期にあってはシヴァやヴィシュヌを脅す存在ではなかった。シヴァ教徒やヴィシュヌ教徒のグループが存在したようには、ブラフマー教徒のグループが存在したわけではなかった。しかしブラフマーはかつての栄光の名残をとどめており、新興の2神の仲介者となるには最適であった。
　ブラフマー、ヴィシュヌ、シヴァの3神は職能を分け持つようになった。すなわち、ブラフマーは世界を創造し、ヴィシュヌがそれを維持し、シヴァがそれを破壊するというのである。世界の創造・維持・破壊という一つの宇宙周期が終わると、またつぎの宇宙周期が始まり、かの3神はそれぞれの仕事を分担すると考えられた。これらの3神はそれぞれ異なったすがたをとって世界にあらわれてくるけれども、元来は一体のものである、と考えられるようになった。つまり、「三位一体説」であった。この三位一体の伝統は今日のインド、ネパールはむろんのこと、バリ島においても残っている。
　ヴェーダの宗教における基本的儀礼はホーマであったが、後世のヒンドゥー教における儀礼の基本はプージャー(供養)である。プージャーとは神々に供物を捧げて祈る行為である。

3　初期ヒンドゥー教

　初期ヒンドゥー教の成立の時代は、二つの大きな叙事詩、『マハーバーラタ』と『ラーマーヤナ』の編纂の時代と重なる。『マハーバーラタ』の原形および最古層のエピソードは紀元前数世紀に遡ると考えられ、大枠ができあがったのは1世紀頃と推定される。もっとも今日のかたちが完成したのは、グプタ期(4〜6世紀)のことであろう。『ラーマーヤナ』の成立は『マハーバーラタ』のそれよりも少し遅れたが、それでもその大枠はグプタ期末期までにはできあがっていたと思われ

『ラーマーヤナ』物語の浮彫り。エローラ第16窟「カイラーサ・ナータ寺院」の本堂外壁に彫られている。中央のパネルの上から3段目なかほどに馬車に乗せられて連れ去られるシーターが見られる。

る。『ラーマーヤナ』はラーマ王子の行状（アーヤナ）を描いた物語である。王位継承権を奪われたラーマ王子は、シーター妃と異母弟ラクシュマナとともに森をさまよううちに、魔人ラーヴァナにシーターを奪われてしまうが、猿神ハヌマーンの助力によって妃を奪い返し、自分の王国に戻って王となるというストーリーである。後世、ラーマはヴィシュヌの一化身となった。

　もう一方の『マハーバーラタ』は親族同士である2組の王子たち、すなわち「五王子」と「百王子」のあいだの戦いの物語である。この戦いは仏教の誕生以前、北インドのクル地方で実際にあった戦いをモデルにしているといわれる。五王子たちの軍と百王子たちの軍との戦いがまさに始まろうとするとき、五王子の軍の大将アルジュナ王子は、親族たちと戦争をしなければならない運命に意気消沈してしまう。アルジ

第1章　ヒンドゥー教の発展　13

魚に化身したヴィシュヌ。ヴィシュヌのもろもろの化身のうち、もっとも古い層に属する。盗まれたヴェーダ聖典をとりもどして、ブラフマー神のもとに返したなどの神話がある。11世紀頃。ダッカ国立博物館、バングラデーシュ。

野猪（ヴァラーハ）に化身したヴィシュヌ。魔神にとじこめられていた大地の女神を救い出し、左肩に乗せている。かつてはこの神話はブラフマー神に属していたといわれる。エローラ第15窟2階。

ュナの御者は親族の1人であるクリシュナであったが、クリシュナはじつはヴィシュヌの化身であった。ヴィシュヌはアルジュナに戦いに赴くよう説いてきかせるのであるが、このときのアルジュナとクリシュナ（ヴィシュヌ）との対話が、本書第2章において考察する『バガヴァッド・ギーター（神の歌）』（『ギーター』）であり、ヒンドゥー教の重要な聖典の一つである。もっとも『ギーター』は明らかに後世の挿話である。

4 ヴィシュヌ

　人びとを救うためにヴィシュヌは時代の状況に合わせて自らの姿をさまざまに変えて世にあらわれると『ギーター』はいう。いわゆる化身（アヴァターラ、〔世に〕降り立ったもの）としてあらわれるのである。ヴィシュヌの化身思想は10世紀頃までには整備されて、一般に10種の化身が数えられるようになった。

　世界は、創造・維持・破壊、創造…といったサイクルを続けるのであるが、その宇宙周期ごとにヴィシュヌは異なった化身の姿をとって世に出現するという。ヒンドゥー神話では、四つの宇宙周期が考えられているが、ヴィシュヌは、第1期には魚、亀、野猪、人獅子、第2期には矮人、武人パラシュ・ラーマ、ラーマ、第3期にはクリシュナ、第4期にはブッダおよびカルキという化身としてあらわれると考えられた。『ギーター』の時代にはクリシュナがあらわれているので、この時代は第3の周期に属することになる。

　これらの10の化身に関する神話がいまあげた順序でヒンドゥー教史のなかであらわれたわけではない。矮人、魚、亀、野猪の神話は古い時期に成立していた。魚、亀および野猪の化身の神話は、元来はプラジャーパティ（生類の主）あるいはブラフマーの神話であるが、後世ヴィシュヌ神話へと置き換えられたと考えられる。

　片足を高くあげ、世界を3歩で跨ぐヴィシュヌを描く浮彫りあるいは彫像は数多くつくられている。ヴィシュヌのこのイメージは、第2宇宙周期における化身としての矮人に関する神話と関係している。すなわち、矮人が自分が歩いた3歩

分の土地が欲しいと魔王バリに申し出て、それが認められると、たちまちにその矮人は巨人となり、世界を3歩で跨いで全世界を自分の領域にしたという。この「3歩」が何を意味するかについてはさまざまな説があるが、ヴィシュヌ(覆うもの)の権威が全世界を覆っていると考えられていたことを示しているといえよう。

人獅子(ヌリシンハ)に化身したヴィシュヌ。魔神ヒヤニヤカシプは人にも獣にも殺されない運命にあったが、「人でも獣でもない」人獅子によって殺されてしまう。ハンピ、カルナータカ州。

第1章　ヒンドゥー教の発展　15

(左)世界を3歩で跨ぐヴィシュヌ。ヴィシュヌの左足の先に見られる面のみの魔神は、日食や月食を引き起こすといわれるラーフである。『マハーバーラタ』(第1巻)には、ヴィシュヌがこの魔神の頭を切りおとしてしまったゆえに、頭部のみになったという。チャング・ナラヤン寺、カトマンドゥ。
(右)世界を3歩で跨ぐヴィシュヌ。ヴィルーパークシャ寺院。パットダカル、カルナータカ州。

「世界を3歩で跨ぐ神(トリヴィクラマ)」の神話はヴィシュヌの神話のなかで最古層に属し、『リグ・ヴェーダ』にすでに言及されている。『ギーター』に登場するクリシュナは『リグ・ヴェーダ』の編纂以後に存在したヤーダヴァ部族の長が後世に神格化されたものであるゆえ、当然ながらクリシュナとしてのヴィシュヌは『リグ・ヴェーダ』のなかにはあらわれていない。

ブッダもヴィシュヌの化身の一つとして数えられたのであるが、これはおそらくインド思想史第4期の半ば、9～10世紀以降のことであろう。仏教勢力の衰退が明白になるにつれて、ヒンドゥー教徒もブッダを自分たちの神の化身の一つとして取り扱ったのであろうし、その時代には多くの仏教徒たちもそのような崇拝形態を認めざるをえなかったと思われる。

『リグ・ヴェーダ』には、仏教の「神々」のなかに後世組み入れられるサラスヴァティー(弁財天)とラクシュミー(吉祥天)がすでに登場するが、ヴェーダ後期においてヴィシュヌ神の妃たちと考えられることはなかった。第4期にはいり、おそらく2～3世紀をへた頃、つまり9～10世紀頃までにはこの古代の2女神はヴィシュヌの妃として考えられるようになった。10世紀以降の彫像では直立不動のヴィシュヌの右下にラクシュミー、左下にサラスヴァティーが小さく彫られているのが見受けられる。

5 シヴァ

『リグ・ヴェーダ』において「ルドラ(狂暴なる者)」と呼ばれていた神は、ヒンドゥー教にあっては「シヴァ(静寂なる者、柔和なる者)」と呼ばれるようになった。ヴィシュヌにはさまざまな神の統合あるいは総合であるという側面が強いのに較べて、シヴァには種々の神々が統合された結果であるという側面はほとんどない。ヴィシュヌが数多くの化身(アヴァターラ)を有する一方で、シヴァは相(ムールティ、姿)を有するといわれる。「相」とは、「シヴァが妃と戯れる場面」「シヴァが魔神ラーヴァナに恵みを垂れる場面」といったシヴァにまつわる神話における有名なシーンを意味する。

シヴァはしばしば円筒形あるいは卵形のリンガ(男根)の姿をとる。これは化身とは呼ばれない。ヒンドゥー教徒たちは、リンガをシヴァのシンボルであるというよりは、シヴァその

リンガ・ヨーニ。リンガは男根を、ヨーニは女陰を意味する。リンガ・ヨーニとは、男性原理と女性原理の統一をあらわしている。シヴァはそれを具現していると信じられている。ハリドワール。

踊り手たちの王(ナタ・ラージャ)としてのシヴァ。「ナタ・ラージャ」とは踊り手たちの王であって、舞踊(ナートヤ、ヌリッタ)の王ではない。インド古典舞踊の経典『ナートヤ・シャーストラ』が定めた仕草に従っている。エローラ第15窟2階。

3面のシヴァ。これはエレファンタ石窟に見られる有名な作品であり、一般に「シヴァの3面」といわれているが、左右の2面に関しては定説をみるにいたっていない。

第1章 ヒンドゥー教の発展 17

ダクシネーシュヴァリー寺院。1855年、コルカタから約8km離れたガンジス河の支流フーグリ河岸にシュードラ階級出身のラーニ・ラースマニが建てた。近代ヒンドゥー教の父といわれるラーマクリシュナは、この寺に十数年間住んだ。

ラーマクリシュナ(1836〜86)(上左)とその弟子ヴィヴェーカーナンダ(1863〜1902)(下)。ベルマート寺院。ラーマクリシュナはカーリー女神を眼前に見ることに専心し、ヴィヴェーカーナンダもそのような行法に無関心ではなかったといわれる。しかし、この弟子は近代社会におけるヒンドゥー教の宣教、一般信者のための組織づくりといった側面により多くのエネルギーを注いだ。

ものであるという。インドではシンボルとそれが意味するものとの距離はきわめて近く、しばしばその距離はゼロとなるが、このような考え方はとくにヒンドゥー教の特徴である。

インドに古来存した非アーリア起源の男根崇拝をシヴァ教が吸い上げた結果として、シヴァが男根(リンガ)で表現されるようになったと考えられる。リンガはヒンドゥー教におけるもっとも重要かつよく知られたシンボルとなった。シヴァ・リンガは決して猥雑な気分を人びとに起こさせるものではない。古代の男根崇拝をヒンドゥー教が昇華した結果であるといえよう。

シヴァは、元来、北方ヒマーラヤに住む神であった。ヒマーラヤ山脈の南斜面から中インドをおさめていたグプタ王朝(4〜6世紀)が亡びると、貴族たちは南インドの諸地域に「都落ち」せざるをえなくなった。その結果、北方のシヴァ崇拝の伝統を保っていた彼らは、南インドの「村の神(グラーマ・デーヴァター)」の伝統と接することになった。「村の神」はほとんどの場合女神であったが、南の「村の女神たち」はそれぞれシヴァの妃パールヴァティーの生まれ変わりと考えられ、シヴァとパールヴァティー女神の生まれ変わりの女神たちとの結婚式が各所でおこなわれた。このようにして、南インドにおいてシヴァ崇拝が広まったのである。

6 後期ヒンドゥー教

インド思想史第4期はヒンドゥー教が勢力を得ていた時代であった。これまで述べたヴィシュヌの10の化身が成立し、元来は北インドの神であったシヴァの崇拝が全インドに広まったのもこの時期においてであった。さらにこの時期には女神崇拝も台頭した。例えば水牛の魔神を殺すドゥルガー女神や、犠牲にされた動物の生き血を好むとされるカーリー女神への崇拝がさかんになった。

13世紀の初頭、インドの政治情勢は一変する。第5期「イスラム教支配下のヒンドゥー教の時代」の始まりである。1206年、ゴール朝が亡び、アイバクによってデリーを都とした奴隷王朝が建てられた。この王朝の有力な大臣がすべて

ヴィシュヴァナート寺院。ヴァーラーナシー。この寺院の中尊は20㎝ほどの高さのリンガである。この寺の開基は5世紀に遡るが、イスラム教徒の攻撃にいく度も会う。本殿は、ムガル朝第6代アウラングゼーブにより破壊されたが、18世紀にイスラム教寺院の一画に再建された。

宮廷奴隷の出身であったためにこのように呼ばれる。この王朝からインドにおけるイスラム王朝の支配が始まるが、1526年にバーブルがムガル王朝の統治を始めるまでに五つの政治権力が交替する。この王朝をデリー王朝と総称する。

ムガル王朝は、1556年に第3代君主となったアクバルによってその支配を確立し、その後約150年のあいだ、栄華を誇ったが、第6代のアウラングゼーブ（在位1658～1717）の死とともにこの王朝は没落していった。

1600年にはイギリスによってアジア貿易を独占的におこなうことができる特権会社である東インド会社が設立され、

インド独立のための運動家B.G.ティラク（1856～1920）。プネー出身。1908年から14年まで暴動教唆を問われて獄中生活を送るが、釈放後、18～19年にかけて渡英し、イギリスで自治要求を訴えた。

ティラクが1919年に新聞を発行した際に用いた印刷機。プネー。

ティラクが主宰した新聞『ケーサリー』の広告。現在でもプネー地区で発行されている。プネー市街地区には彼の名前にちなんだ「ティラク・ロード」が走っている。

1877年にはインドは大英帝国の植民地になる。しかし19世紀の半ばあたりから、インドではイスラム教徒からの影響を除くとともに、イギリスからの支配も撥ね除けようとする気運がたかまった。もっとも、政治的にインドがイギリスから独立するのは1947年である。

19世紀半ばから今日までのインドの歴史には一貫してヒンドゥー教の復興運動がみられる。そしてこの流れのなかに今日のインドはある。1850年頃から今日までの時代は第6期「ヒンドゥー教復興の時代」と呼ぶことができる。

7 東南アジアのヒンドゥー教

ヒンドゥー教はインド、ネパールのみならず、タイ、ラオス南部、ベトナム中部および南部、カンボジア、ジャワ、バリ島などにも伝播した。ベトナム南部には4世紀から12世紀までヒンドゥー文化を有するチャム王国が存在した。カンボジアのクメール文化は13世紀頃に亡んでしまったが、ヒンドゥー文化を基層に有していたことはよく知られている。ジャワ中部においてはヒンドゥー教系のマジャパイト王国

バンコク市内のヒンドゥー教寺院ワット・プラシー・マハー・ウマーデーウィー。ワットは寺院を、「ウマーデーウィー」の「ウマー」とは元来は母神を意味し、「デーウィー」とはサンスクリット語でデーヴィー（妃、女神）を意味する。要するにシヴァの妃パールヴァティーのことである。このあたりはインド人が約4万人住み、インド人町がある。写真の塔は南インドの形式のものである。

リンガ。ミソン遺跡、中部ベトナム。ベトナムの南部から中部にかけて、4世紀から12世紀までヒンドゥー系のチャム王国が存在した。ミソンはダナン近郊にあり、チャム王国の中心の一つであった。

(13〜15世紀)が存在した。しかし今日のジャワにはヒンドゥー教徒は、ほんのわずかしか残っていない。バリ島には、土着的崇拝とインドから伝えられたヒンドゥー教とが合体した形態が残っている。

このように、ヒンドゥー教は決してインド亜大陸のみの宗教ではない。しかし、バリ島を別にすれば、今日の東南アジア諸国にはヒンドゥー文化はほとんど残っていない。一方、タイ、ベトナム、カンボジア、およびラオス北部ではヒンドゥー教はテーラヴァーダ仏教(上座仏教)に替わっている。その時期は13世紀頃、つまりインドがイスラム教徒による政治的支配を受けはじめてまもない頃である。ジャワ中部では15世紀までヒンドゥー文化が残るのではあるが、その後はイスラム教が勢力を伸ばした。今日、バリ島においてもイスラム化は急速に進んでいる。

ともあれ、ヒンドゥー教について理解しようとする場合には、インドのみならず、東南アジアにおけるヒンドゥー文化も視野に入れる必要がある。

タマ・アユン寺院。中部バリ。今日のバリ島にはヒンドゥー教文化が生きている。写真に見られるいくつもの層塔はスメール山つまり須弥山(しゅみせん)をかたどったものである。バリでは須弥山は秩序世界(コスモス)を意味し、そのような世界は無数に存在すると考えられている。

アンコール・ワット。カンボジア。12世紀前半、クメール王スーリヤヴァルマン2世によりつくられた。城壁によって囲まれた広大な土地の中央に建てられた本殿の最上階には意外と小さな部屋しかない。これは人を集めて儀礼をおこなうための寺院ではなく、王の廟であった。

ジョグラン・ヒンドゥー教寺院群。ジャワ、インドネシア。ヒンドゥー教がインドネシアの地に伝播したのは6〜7世紀の頃と考えられる。とくにジャワにおいては土着文化と統一されたヒンドゥー教文化が栄え、それがバリに伝えられたのである。

第2章　ヴィシュヌ崇拝の発展

1 行為の道、知識の道

　インド人たちはヴェーダの宗教(バラモン教)の時代以来、宗教における目標を達成するために二つの道を歩んできた。その二つとは「行為(儀礼)の道」と「知識の道」である。前者はヴェーダ聖典に基づく儀礼行為(カルマ)を中心とした「道」であるが、今日にいたるまでこの儀礼中心主義はインド宗教の特徴の一つである。また後者はヴェーダ本集からすこし遅れて編纂されたウパニシャッド群において顕著になった態度である。この「知識の道」にあっては、宇宙の根本原理ブラフマンと個我アートマンとが本来は同一のものであることを直証する知が追及された。後世のヒンドゥー教の時代において、基本的には今日でも、ヒンドゥー教徒たちはこの二つの道を歩んでいるということができる。

　一方、インドにおいてはいつの時代にあってもこれら二つの道の統一が求められてきた。すでに述べたように、前1世紀頃までには、ヴィシュヌ派とシヴァ派がヒンドゥー教の勢力を二分していたが、儀礼中心主義(行為の道)と主知主義(知識の道)という二つの伝統の統合は、ひとまず両派それぞれのなかで追求された。後世、ヴィシュヌ派とシヴァ派両派の総合がはかられたとき、ヒンドゥー教全体として行為の道と知識の道の総合がはかられたのである。初期ヴィシュヌ崇拝(紀元前後から2世紀頃まで)の伝統においてかの二つの異なった伝統がどのように統一されていたのかをみてみよう。

　ヴィシュヌ崇拝あるいはヴィシュヌ派はその3000年の歴史のなかでさまざまな崇拝形態と統合されてきた。例えば、仏教誕生以前に存在したヤーダヴァ族の長クリシュナが神格化され、この神を中心にしてバーガヴァタ派と呼ばれるいわゆる新興宗教が育っていった。「バーガヴァタ」とは、「バガヴァット(バガ「恵み」をヴァット「与える者」、神)」からの派生語であり、「バガヴァット(神)に属する者」を意味する。また「バガヴァット」はサンスクリットの音便の関係で「バガヴ

生まれたばかりのクリシュナ。ソーメーシュヴァル寺院、プネー、1981年8月。クリシュナは、後世、ヴィシュヌの化身の一つに数えられるが、元来は仏教誕生以前に生きたヤーダヴァ族の長といわれる。クリシュナの誕生日(クリシュナ・ジャヤンティ)には赤児のクリシュナの人形を吊りさげて、祝う。

ァッド」となることもある。ヒンドゥー教の聖典『バガヴァッド・ギーター（神の歌）』における神は、ヴィシュヌと同一視されたヤーダヴァ族の長クリシュナである。後世、クリシュナ崇拝はヴィシュヌ崇拝の中核となった。

2 『ギーター』における行為と知識の統一

　『バガヴァッド・ギーター』（『ギーター』）についてはすでに触れたが、この聖典は矛盾に満ちているとしばしばいわれる。たしかにある章ではヴェーダ祭式主義を批判しながら、他の章ではヴェーダ祭式を評価している、かと思えば、人間は行為をすべきだと主張する一方で行為をするなと命ずる。しかし、この一見矛盾するかと思われる叙述の運びは、インドが古来の相反する諸伝統を統合しようとする試みの一つなのである。

　『ギーター』は「行為の道」と「知識の道」という二つの相反する道を統合しようと試み、それに成功した。『ギーター』の編者たちがこの両者の統合のために打ち出した方法は、結果を考えずに行為をなせ、というものであった。これを『ギーター』は「カルマ・ヨーガ（行為の修練）」と呼ぶ。

　この修練では行為の目的を放棄せねばならない。つまり、自己の目的あるいは願望を放棄あるいは抑制するという意味での自己否定がみられるのである。このような否定的な契機はほとんどすべての宗教行為にみられる。マックス・ウェーバーのいうように、その否定的契機がそれぞれの社会において否定的倫理として作用したのである。『ギーター』も自己否定的契機を含んだ「カルマ・ヨーガ」を一種の否定的倫理として提唱しているが、この行為の修練こそ、『ギーター』が今日までヒンドゥー教の重要な聖典として用いられていることの大きな原因となった。この聖典は、行為の結果を望むことを否定するという方法を通じて、古代からインドに存在した二つの道、すなわち儀礼中心主義（行為の道）と主知主義（知識の道）を総合することをめざしたのである。

　行為には現状認識、目標および手段という三要素が存する。目的のない行為は一般には考えられない。例えば、散歩のよ

うに目的がないかのようにみえる行為によっても、目的と手段が分かちがたく一つになっているのであって、散歩にも目的もあれば手段もある。にもかかわらず、『ギーター』は行為の目的を放棄するという意味での否定行為を命じている。もっとも、行為の目的を放棄せよ、と命ずるとき、『ギーター』は別種の、あるいは「さらに大きな」目的を人間たちの行為に与えることを約束する。すなわち、人はそれぞれの行為のさしあたっての目的あるいは結果を捨てることによって、ヴィシュヌ神への奉仕(帰依)とそれを通じての解脱というさらに大きな目的あるいは結果を得るのである。

　目的を放棄して行為をする際、人はもろもろの感覚器官を統御した状態にあるべきだ、と『ギーター』はいう。このヒンドゥー教聖典は、身体的な運動、言語的な活動、心的活動をも制御して、感官を自らの心へと引き戻した状態で精神集中をおこなえ、と繰り返し述べる。このような感官を制御して精神を集中させる修練あるいは実践は、今日われわれが「ヨーガ」と呼んでいる行法にほかならない。『ギーター』は、「ヨーガ」という身体技法を実践しつつ、しかも行為をおこなえと命じている。つまり、行為を自己の欲望の赴くままにおこなうのではなくて、行為の目的を神への奉仕へと換えることによって行為を存続させようとする。『ギーター』の編者にとって、行為は基本的に必要なものである。神への奉仕という目的を課せられた行為は、精神集中(ヨーガ)によって得られた知とともに遂行されるべきであると主張することによって『ギーター』は行為の道と知識の道の統一をはかった。

　ヒンドゥー哲学の学派は通常6派を数えるが、その1学派にヨーガ学派がある。この学派の基本経典が『ヨーガ・スートラ』であるが、この経典に述べられている精神生理学的なヨーガの修練の伝統は、今日まで続いており、「古典ヨーガ」と呼ばれている。このような命名がなされるのは、後世、密教(タントリズム)がさかんになったときに生まれてくる「密教的ヨーガ」と区別するためである。『ギーター』に述べられるヨーガは、古典ヨーガの初期的形態である。

3 帰依への三つの段階

　目的をもたない行為を神への捧げものとしておこなえ、と『ギーター』はいう。すなわち、人は、神への奉仕という目的をもつことは許されるのである。ヴィシュヌは「すべてをわたしに捧げて、戦え」(3.30)という。さらに、ヴィシュヌの化身であるクリシュナは『ギーター』において戦いに赴くことに悩む王子アルジュナに対してつぎのように続ける。

　　それゆえ　常にわたしを念ぜよ　そして戦え
　　あなたの志向(マナス)と理性(ブッディ)を
　　わたしに捧げるならば、
　　あなたは疑いなくわたしにいたるだろう　　　　(8.7)

　ここではヴィシュヌにいたることが行為の結果(目的)と考えられている。また『ギーター』は、「ヴィシュヌを念じつつ、身体を捨てて死に赴くものは最高の帰着点にいたる」(8.14)ともいう。ここにはヴェーダの宗教において重要ではなかったが、ヒンドゥー教においては極めて重要になった崇拝形態が語られている。人格神に対する信仰あるいは帰依である。その人格神は信仰を有するそれぞれの人の精神的至福あるいは救済を約束する者でなくてはならない。

　ヒンドゥー教においては『ギーター』におけるヴィシュヌ

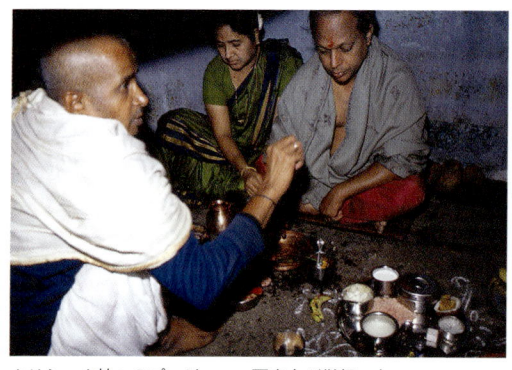

クリシュナ神へのプージャー。写真左が僧侶、中央2人がプージャーの執行を依頼した夫妻。1981年クリシュナの誕生日。ソーメーシュヴァル寺院、プネー。

クリシュナ(左)とその妃ルクミニーへのプージャー。プネーでは土着の神ヴィッタルがクリシュナ(ヴィシュヌ)の化身と考えられている。これからこれらの神の「沐浴(スナーナ)」が始まる。ソーメーシュヴァル寺院。

のように魂の救済者としての人格神が重要となる。このような人格神への信仰の一般的なかたちは、帰依(バクティ)と呼ばれる。『ギーター』の主眼は「行為(儀礼)の道」と「知識の道」との総合の上に立って「帰依(バクティ)の道」の最重要性を説くことにあった。

　『ギーター』の編者は、クリシュナ神、すなわちヴィシュヌ神へ己の心身を捧げるというバクティ思想へと読者を導いていく。『ギーター』は、それぞれの感官が充分に制御されているか、また行為の「さしあたっての」目的が放棄されているか、さらに人は己の存在を神ヴィシュヌへと捧げているか、を基準として人の進むべき道を三つの角度から説こうとしている。

　すなわち『ギーター』の主張する修練は、以下のように三つの「道」を歩むのである。

(1) 感覚器官を制御し、知を確立する。——知の修練(ジュニャーナ・ヨーガ)
(2) 行為の結果を放棄して、行為する。——行為の修練(カルマ・ヨーガ)
(3) ヴィシュヌへの帰依(献身、バクティ)を保ちながら、自らの行為を供物としてヴィシュヌに捧げる。——帰依の修練

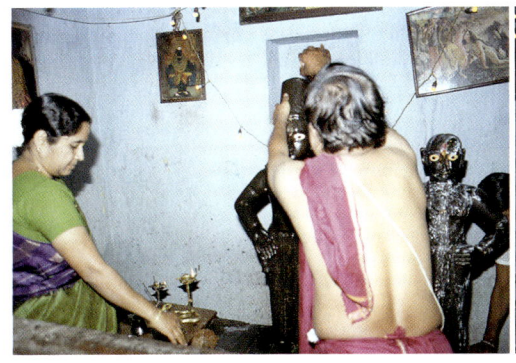

ヴィッタル(クリシュナ)とその妃へのプージャー。写真は、神像にヨーグルトが捧げられ、水によって洗い流されている場面である。ここでは神への奉献の行為が僧侶によってではなく、依頼者(ヤジャマーナ)によってなされている。ソーメーシュヴァル寺院。

沐浴の後、新しい衣を着せられたヴィッタル(クリシュナ)とその妃。来客を迎え、もてなし、帰りを見送るという順序で神を迎え、もてなし、帰ってもらうという儀礼である。今、神たちは沐浴の後、新しい衣をまとったのである。ソーメーシュヴァル寺院。

第2章　ヴィシュヌ崇拝の発展

（バクティ・ヨーガ）

『ギーター』では、「ヨーガ」という語がさまざまな意味に用いられている。「ジュニャーナ・ヨーガ」「カルマ・ヨーガ」などの場合の「ヨーガ」は「修練」あるいは「道」を意味する。

4 カルマ・ヨーガの意味

『ギーター』は、おのおのの人間は自己にのみかかわっていてはならない、という社会倫理的な立場によって貫かれている。行為は自分のためのものでもあるが、ほとんどの場合、他者のためのものである。自分が行為器官をともなって行為をおこなうならば、普通は自分以外の個体に対して結果がおよぶことになる。人の行為は、ただ単に自分の利益のための行為であってはならず、しかも、「行為の道」にしたがって、行為の結果を意識することなく、「行為の道」を歩め、と『ギーター』は主張する。

すでに述べたように、『ギーター』は意気消沈してしまった軍の総指揮官であるアルジュナ王子に向かって彼の御者であった神クリシュナ（ヴィシュヌ）が「戦争をして武士としての義務行為をなせ」と説くくだりとして叙事詩『マハーバーラタ』のなかに挿入された部分である。したがって、『ギーター』では、武士階級の義務行為としての戦争が問題になっている。

ハヌマーンへのプージャー。叙事詩『ラーマーヤナ』にはラーマ王子を助けるハヌマーンが登場する。彼は猿面人身としてイメージされているが、ヒンドゥー教徒、とくにヴィシュヌ教徒のあいだではこの神はあつく尊崇されている。ハリドワール。

（左）ヒンドゥー教のサードゥ（修行者）。「サードゥ」とは、「善い者、正しい者」を意味するが、今日では乞食（こつじき）により生きる修行者、ヨーガ行者をいう。「サドゥー」とも呼ばれている。
（右）信者に祝福を与える行者。髪には霊力が宿ると信じられているため、行者は髪を切らない。長く伸びた髪は頭上で巻かれる。これをジャターという。写真の行者もジャターを有する。また聖なる火を絶やすことなく、一生燃やし続ける行者がいるが、行者の眼前の火はその聖なる火である。

しかし、『ギーター』は戦争へと人を駆り立てる書ではない。この1800年のあいだ、この書を掲げて人びとを戦争へと駆り立てたインド人指導者はいない。『ギーター』はすでに死んでしまった者たち、あるいは死ぬ運命にある人間たちの魂を、いかにして救うかを考えているのである。

　『ギーター』本文のなかでは、当然のことながら、近代的な意味での労働などの行為は視野にははいってはいない。しかし、後世、ヒンドゥー教徒たちは単に日常的な行為とか儀礼行為といった域を超えて、近代的意味の生産、労働、社会奉仕、独立運動といった問題にかかわることになった。例えば、ラーマクリシュナ・ミッションの創設者ヴィヴェーカーナンダは「カルマ・ヨーガ」を労働と解釈し、インド独立運動の闘士ティラクはそれを独立運動と解釈した。このように『ギーター』の注釈者たちあるいはヒンドゥーの思想家たちは「行為」という概念を解釈し直して、自分たちの思想を形成しながら『ギーター』を解釈し、注釈書を著したのである。

5 化身するヴィシュヌ

　ヴィシュヌは人びとを救うためにさまざまな姿をとって化身としてあらわれることはすでに述べたが、その化身となってあらわれる理由を『ギーター』はつぎのように述べる。

　　わたし(ヴィシュヌ)は不生であり
　　不変の本性を有しており
　　生類(しょうるい)の主ではあるが
　　わたしは自分の本性に基づいて
　　自らの幻力(神秘力)により姿をあらわす　　　　(4.6)
　　というのは　法(ダルマ)が衰え
　　不法(アダルマ)がはびこるとき
　　わたしはバラタの御子(アルジュナ)よ
　　自分の姿を創って世にあらわれる　　　　　　　(4.7)

「不生である」(4.6)とは、今存在してない、ということではなくて、もともと存在しているという意味である。神は恒常不変の実在なのであるが、時代とともに異なる姿をとってあらわれてくると考えられている。

6 ヴィシュヌへの帰依

　自らの化身について語ったのち、ヴィシュヌは行為の目的を度外視して行為した者の運命についていう。

　　(神である)わたしの超自然的な生まれと行為を
　　真に知る者は　身体を捨てたのち
　　再生することなく
　　わたしのもとに来る　アルジュナよ　　　　　　　(4.9)

ガンジス河で祈る人。水は生命の源であり、すべての生類を育み、人びとの心の汚れも水は洗い落とす、とヒンドゥー教では信じられている。トリヴェニ・ガート、リシケーシ。

輪廻から抜け出て再生することのないことを解脱という。
『ギーター』では、神ヴィシュヌを真に知る者は、死後、輪
廻から抜け出して神のもとにいたるといわれている。輪廻を
超えたところにヴィシュヌが存在し、ヴィシュヌに帰依する
ものはこの神のもとにいたるとバクティ崇拝では考えられる
のである。
　インド人の死後の世界観については「天界に行く」という
考え方と、「輪廻から解脱する」という考え方との2種が存
在する。ヴェーダの宗教において天界に行くためには、生前
ある程度の量の儀礼を執行するか、あるいはその執行を依頼
するか、いずれかによって功徳を積むことが必要であった。
しかし、ヒンドゥー教のヴィシュヌ崇拝においては儀礼によ
って功徳を積むことは必要ではない。ヴィシュヌに帰依し、
この神のもとに行くためには「知識の苦行によって清められ
る」(4.10)ことが必要であった。
　つぎの偈は、『ギーター』のメイン・テーマであるカルマ・
ヨーガ(行為の修練)について明確に述べている。

　　結果への執着を捨て他に依存せぬものは
　　たとえ行為に従事しても
　　つまり行為をおこなっても
　　何事もなさないのである　　　　　　　(4.20)

　目的を放棄しておこなう行為は、人を輪廻のなかに縛りつ

(左)河畔の火葬場。パシュパティナート寺院、カトマンドゥ。インドにおける場合と同様に、ネパールのヒンドゥー教徒は火葬の後、遺骨は拾わない。ネパールの仏教徒のあいだでは、遺骨を拾うことがある。
(右)死者儀礼(シュラーッダ)のための剃髪。ヒンドゥー教においては輪廻説が信じられているために日本に見られるような墓はない。しかし、死者のための儀礼は、とくに近親者がなくなってから1年のあいだはよくおこなわれる。ハリドワール。

ける行為とはならない。『ギーター』においては、行為はどのようなかたちにおいてであれ、なされねばならないものである。不浄な輪廻から脱するために『ギーター』は行為が必要であるという。一方、仏教において、密教の場合は別として、業(行為)はともかくも止滅させられるべきものであった。われわれはここにヒンドゥー教と仏教との考え方の相違の一端をみることができる。

7 ヴェーダ祭祀に対する評価

これまで『ギーター』第4章の叙述にしたがって、行為の修練(カルマ・ヨーガ)について考察してきたが、『ギーター』は23偈から調子を変える。つまり、23偈からの10偈あまりは、儀礼行為と行為一般と梵(ブラフマン)との関係について述べる。まず23偈では祭祀と行為との関係について述べる。

執着を離れて　自由になり　心が知識に定まり
祭祀のために行為をする者には　行為はすべて解ける
(4.23)

「解ける」とは、人を輪廻に縛りつける業の力が消えることを意味する。「祭祀のために行為をする」と述べることによって『ギーター』は祭祀に対して肯定的な評価をくだしている。『ギーター』は第2章(42〜45偈)ではヴェーダ聖典とその儀礼を批判しているが、第3章(9〜13偈)ではヴェーダ後期における主神プラジャーパティの祭祀に対して肯定的な評価を与えている。このように『ギーター』はヴェーダに対して否定的評価と肯定的評価の両面を示し、そしてその両面を止揚しながら、ヴェーダの伝統を自らの新しいシステムのなかに組み入れようとしているのである。

『ギーター』は、ヴェーダ祭式の行為であるホーマ(護摩)のイメージに基づきながら、古代のヴェーダ儀礼を新しいヒンドゥー教のシステムのなかに読み取ろうとする。

儀礼の用具はブラフマンである　供物はブラフマンである
ブラフマンである火のなかに　ブラフマンによって注がれる
(4.24ab)

ここではヴェーダ祭式が基本的イメージとして考えられており、祭り杓（しゃく）などの用具もブラフマンと考えられている。供物はブラフマンである。ヴェーダの宗教における供物とは、油や餅である。すなわち、ブラフマンがブラフマンという火のなかに自身を投ずるのである。すべてが梵（ブラフマン）のなかでの行為であることになる。

8 儀礼の内化

　さらに『ギーター』は「他の者は耳などの感覚器官を制御という火のなかに供える」(4.26)という。ヨーガにおいては耳、鼻、舌とかいった感覚器官を思いのままに働かせるのではなくそれらを制御するが、この制御は感官の作用を否定することである。ここでは火がものを焼いて消滅させる、すなわち否定するものと考えられている。さらに「他の者たちは音などの対象を感官という火のなかに供える」(4.26cd)ともいわれる。対象とは心地よい音楽とか、美味な食べ物でのことである。それを感官という火のなかに供えるとは、対象の心地よさとか美味しさを楽しむことを否定あるいは抑制することである。すべての感官ならびに呼吸の働きを修練という火のなかに供えるのである。ここには人間の行為を抑制、制御するという意味における否定的契機がみられる。

　ヴェーダの宗教におけるホーマはもともと集団的な宗教行為だったのであるが、それがヒンドゥー教に取り入れられるときには、個人的な精神的救済を求める行為としての意味づけがなされて取り入れられている。火のなかに供物を投げ入れるという外的行為のなかに、心の汚れを火のなかで焼くという内的、精神的な実践行為の意味を見いだしている。このような意味の読みかえを内化という。

　2世紀頃の成立と考えられている『ギーター』のなかには、いま述べたようなホーマ（護摩）儀礼の内化がみられる。インド仏教のなかにホーマ儀礼が取り入れられ、内化されるよりはるか以前に、ヒンドゥー教においてはホーマ儀礼が内化されていたのである。

シヴァの乗り物である牛。ヒンドゥーの神々はほとんどの場合、自らの乗物としての動物が定められている。シヴァの乗物であるこぶ牛はナンディンと名づけられている。ちなみに、ブラフマーは野鴨に、ヴィシュヌはガルダ鳥に乗る。ハリドワール。

ガンジス河畔のシヴァ像。天から降下するガンジス河を自分の巻き髪をほどいて受けとめたといわれるのは、リシケーシからハリドワールのあたりといわれる。このあたりでガンジス河の幅が急に広くなっている。

第3章　シヴァと女神たち

1 『王子の誕生』におけるパールヴァティー

　カトマンドゥ盆地のビルの屋上からでも、東にガウリー・シャンカル、東北にランタン、北にガネーシュ・ヒマールなどのヒマーラヤの山々を見ることができる。夜が明けはじめ、雪で白い頂きや山腹が赤く染まっていくにつれて、遠くに小さく見える山々がじつはとてつもなく大きいものだとわかる。「ヒマーラヤ」とは「ヒマ(雪)」の「アーラヤ(場所)」つまり「雪のある場所」を意味する。

　ヒマーラヤ山脈は、インド神話では「山の王」であり「神格を備えている」(→p.43)。この山脈は、ブータンからラダックまで延びているが、なかほどに少し切れ目があり、そこに霊山カイラーサ(6714m)がある。中国(チベット自治区)、ネパールおよびインド、三国の国境にあたる。ヒマーラヤ山脈を二分するこの山の近くにはガンジス河とインダス河の水源があるといわれる。この山は仏教およびヒンドゥー教の宇宙観

カイラーサ・ナータ寺院。エローラ第16窟。写真左から門（ゴープラム）、前殿（屋上に4頭の象がいる）、および塔形式の本殿である。本殿の深奥部には本尊のリンガが祀られている。

の中心（世界軸）であるスメール山（メール山、須弥山）のモデルとされている。

　カイラーサ山の周囲約50kmは巡礼の道となっており、ヒンドゥー教徒、仏教徒、そしてポン（ボン）教徒たちもこの「水晶の結晶のような」山を仰ぎ見ながら祈りを捧げる。普段は雲を被り、階段のように横線のはいった、切り立った斜面を見せるこの山には誰も登ろうとはしない。ここはおそらく地球上でもっとも人を寄せつけない場所であろう。

　カイラーサ山頂はシヴァ神とその妃の住処といわれる。その妃は山の王ヒマーラヤの娘パールヴァティーだ。「パールヴァティー」とは「パルヴァタ（山）」から派生した女性名詞であり、「山に属する女性」つまり「山の娘」を意味する。「山に住む娘」ではなく、「山を父とする娘」である。

　この伝承はヒンドゥー教、とくにその分派であるシヴァ教

第3章　シヴァと女神たち

の神話の中核である。どのようにしてシヴァがパールヴァティーを妃としたのかに関しては、神話はさまざまな説明を与えている。

インド最大の詩人カーリダーサが著したサンスクリットの美文体詩(カーヴヤ)『王子の誕生(クマーラ・サンバヴァ)』は、シヴァとパールヴァティーの結婚までのいきさつを描いている。「美文体詩」とは、慎重に考えぬかれた複合語、韻律、修辞法などを組み入れた詩であり、インドの古典文学の一つのジャンルである。

カーリダーサが活躍した時代は400年頃と推定され、グプタ王朝の全盛時代であった。グプタ王朝下でヒンドゥー教は勢力を伸ばしつづけ、同王朝崩壊後の600年頃には、ヒンドゥー教の力は仏教のそれを凌ぐものとなっていた。カーリダーサの時代は、タントリズム(密教)が台頭する前であり、彼の詩や戯曲には後世強力となったタントリズムの要素はまだ反映されていない。また、この頃には女神崇拝もまだ大きな勢力を得ておらず、カーリダーサの作品に登場する女神たちも、後世における大女神そのものではない。もっとも彼の作

カイラーサ山を揺るがすラーヴァナに恵みを垂れるシヴァ。ラーヴァナはランカー(スリランカ)の王といわれるが、シヴァの宮殿のあるカイラーサ山を揺らしてシヴァに挑戦したものの、結局、シヴァの僕となった。インドのスリランカに対する態度を示した神話と考えられる。エローラ第29窟。

シヴァとパールヴァティーの結婚。こぶ牛ナンディンに乗った2人を中心にして行列が進む。ウッジャイン。

品の女神たちは、その数世紀後には男神たちの力をも凌ぐようになる大女神の力を宿している。

インドにおいてタントリズムの興隆と女神崇拝の台頭とは密接に結びついている。すなわち、タントリズムにおいては女神があらわす女性原理と男神が象徴する男性原理とが等しい力をもち、世界はその両原理の統一であると考えられる。従来、インドにおいては男神崇拝の勢力が強かったのであるが、グプタ朝崩壊後には女神崇拝が急速にインド全土で力を得ていった。

カーリダーサの代表作『王子の誕生』は、パールヴァティーがどのようにしてシヴァの愛を得るにいたったかを描いた詩である。「王子(クマーラ)」とは、シヴァとパールヴァティーとの息子カールッティケーヤのことであり、彼は魔神ターラカを打ち負かす軍神となった。この軍神は別名スカンダ、日本では韋駄天として知られている。

『王子の誕生』は、軍神カールッティケーヤが生まれるまでのいきさつを描いている。あるとき、魔神ターラカが神々や人びとを苦しめるが、この魔神を打ち負かすのは創造神ブラフマー自身か、シヴァとパールヴァティーのあいだにできる「王子」以外になかった。ブラフマーは「毒の木でも自分で育てておいて自ら切るのはよくない」(2.55)といい、シヴァとパールヴァティーとの結婚を神々に薦めた。シヴァの心をパールヴァティーに向けようとして愛の神カーマつまり「キューピット」をシヴァのもとに送りこんだ神々の試みは失敗してしまう(第3～4章)が、ヒマーラヤ山の娘は苦行(タパス)によって完璧な美を獲得し(第5章)、やがてシヴァの愛を勝ちとる(第6章)。2人のカイラーサ山頂でのハネムーンを描く第8章でこの詩物語は終わっている。現在残っている第9章から第17章までは後世の追加と考えられている。

カーリダーサのこの作品は後世のサンスクリット文学に多大な影響を与えた。ヒンドゥー神話の集成であるプラーナ群のなかにはこの作品の影響を受けたと考えられるものもある。

2　シヴァ（ルドラ）の結婚

　シヴァと女神の結婚のモティーフはカーリダーサから始まったわけではない。シヴァ（ルドラ）とその妃サティーとの結婚は、ヴェーダ期の後期、つまりヒンドゥー教がまだかたちをとっていなかった時代まで遡る。ヴェーダ後期ではシヴァは「ルドラ」の名前で知られていたが、ルドラはヴェーダの宗教の正統派を代表する神ではなかった。アーリア人のヴェーダの宗教がつぎの世代の宗教であるヒンドゥー教として生まれ変わりつつあったときに、ルドラは非アーリア的要素を濃厚に有する「新興の神」としてすでに活躍を始めていた。

　ルドラはダクシャ神の娘サティーを妻としたが、ダクシャ神は「生類の主（プラジャーパティ）」とも呼ばれ、「ヴェーダの宗教」後期を代表する神であった。したがって、ルドラ（シヴァ）と義理の父とは反目せざるをえなかった。あるとき、ダクシャ（「〈儀礼に〉有能な者」）は大がかりな祭礼（宴会）を催すが、そこに娘婿であるルドラを招かなかった。それに憤った娘サティー（善き女）は父の祭礼の火のなかに身を投じて死んでしまう。夫に先立たれた妻が生きながら荼毘の火のなかに身を投ずるかの「風習」が「サティー」と呼ばれるのは、この神話にちなんでいる。

　『王子の誕生』もこの神話を踏まえ、つぎのように山の王の娘パールヴァティーをサティーと結びつける。

　　ダクシャの娘でありシヴァ（ルドラ）の前の妃であったサティーは
　　父に侮蔑されてやむなく　ヨーガの道により体を捨て
　　出生のため（ヒマーラヤ）山の妃の胎にはいった　　　　（1.21）

「サティーは火のなかに身を投じた」という神話もあるが、カーリダーサは「ヨーガの道により体を捨て」たという。カーリダーサはシヴァの妻の死を「父への抗議としての焼死」ではなく、ヨーガという身体技法の結果と捉えたのである。『王子の誕生』のなかでヒマーラヤ山の娘がシヴァの愛を得た方法はタパス（苦行）であった。「タパス」とは元来は熱を意味する。ヨーガによって生ずるものは熱つまりタパスにほかならない。この熱としてのタパスがサティーを焼いた火に重

ねられている。

『王子の誕生』の主要テーマの一つは、パールヴァティーの苦行である。山の王の娘としての生活を捨てて苦行のために森のなかにはいることは、死に赴くことに等しい。ヒマーラヤ王の妻メーナーは娘が「森に行く」というのを聞いて「まあ（ウ）〔行か〕ないで（マー）」と呼ぶ。このため、パールヴァティーは「ウマー」とも呼ばれるようになった。「マー」とは禁止をあらわす不変化詞である。「ウマー」とは元来は「母、母神」を意味する語であり、ここでカーリダーサはかけことばで遊んでいるのである。苦行あるいはヨーガなくしては、パールヴァティーはシヴァの妻として生まれ変わることはできなかった。カーリダーサは古代のサティーの焼身の神話を踏まえながら、当時ヒンドゥー教や仏教において広く認められつつあったヨーガあるいは苦行という身体技法を評価し、神話のなかで読みかえたのである。

踊るシヴァ。後世のヒンドゥー教では、この世界はシヴァの踊る姿であると考えられた。エレファンタ。

3 エネルギー（シャクティ）としての母（女）神

「マザー（母）」と「マター（物体、素材）」の2語は語源を等しくしているという。母の肉体という物体から子が生まれるのであるから、そのことは充分に頷くことができる。ならば、ヒマーラヤ山という途方もなく大きな物体が「母」と表象されてもよかったのではないか。しかし、タントリズム興隆以前のインドにおいては、母神は物体よりも「力（エネルギー）」のほうにより比重が置かれている存在である。インドでは、そこから生類が生まれてくる基体としてのマター（物体）は、男性あるいは中性のものとして表象されることが多い。

インドのバラモン僧は儀式や集会のはじめにしばしば『タイッティリーヤ・ウパニシャッド』の一節を詠みあげる。これはブリグが父ヴァルナに「ブラフマン（梵・宇宙の根本原理）とは何か」と質問をしたのに対して、父が答えるくだりである。父の答えの一節はつぎのようにいう。

そこからこれらのものが生まれ　それによってこれらの生類が生き

（死後には）そこへと帰っていくところ　それをブラフマ

第3章　シヴァと女神たち

ンと知れ　　　　　　　　　　　　　　　　　　(3.1.1)

　世界の起源であり、世界の展開の動力であり、世界の帰趨(きすう)である根本原理、これこそがインドのバラモン正統派思想の根幹であるが、その根本原理は、古代インドにおいては男性原理としてあらわされることが多かった。『タイッティリーヤ・ウパニシャッド』のこの部分におけるブラフマンは中性原理であって、男性として表象されているわけではない。この中性原理はものを生み、自らのなかにおさめとる容器という意味では女性的機能をも有しているといえよう。

　中性原理ブラフマンは後世、人格神化され、やがて男神ブラフマー(梵天)として活動を始め、創造神としての職能を与えられた。しかし、彼は自家増殖によって世界を産出する「不便」に苦しまねばならなかった。そして、自分の創造物であるはずの「娘」サラスヴァティー(弁財天)を「妻」とし、近親相姦の汚名を帰せられるにいたった。これは男神にものを産ませるというそもそもの神話のつくりの当然の帰結かもしれない。

　インドの創造神は、男神ブラフマーのみならず他の神の場合も、一般に世界をかたちづくる素材(質量因)となっている。つまり、母が子を生むように、インドの神は、男神であっても、世界を生むのであり、しばしば神は世界そのものである。ようするに、インドの男神は「母」なのである。男神が「肉体」を提供し、女神は男神の「肉体」に注入されるべき力(シャクティ)として働く。ヒンドゥー神話にあっては、「シャクティ(力)」とは男神の妃のことをいう。

　後世、ヒンドゥー教においては、女神の勢力は男神のそれを凌ぐようになった。例えば、シヴァを「夫」とした女神カーリーは「夫」の体の上で踊る姿で表現される。これは女神カーリーの力が「夫」シヴァのそれより勝ったことを示している。しかし、それでもなおシャクティ(力)としての女神は「夫」を必要とする。「夫」という基体がなくては、それに対して作用すべき力は存続できなくなってしまうからだ。

4 カーリダーサによる描写

　女神パールヴァティーの父ヒマーラヤ山の描写をカーリダーサは『王子の誕生』のなかでじつに丁寧におこなっている。第1章のはじめの20偈(けつ)がヒマーラヤ山の描写であるが、この父は敵と戦う英雄でもなく、一族を威厳をもって統率する権力者でもない。彼の「身体」つまり山のなかに見られるさまざまな美しきものをカーリダーサはつぎつぎに描いていく。それはまるで美しい女性の身体の各部分を順に描いていくようだ。

　『王子の誕生』はつぎの偈で始まっている。

　　　北方にヒマーラヤという名の神格を備えた山の王がいた
　　　東方と西方において海へとはいり　大地をはかるものさ
　　　しのようだった　　　　　　　　　　　　　　　(1.1)

　ここではヒマーラヤ山それ自体が神なのであり、山に「ヒマーラヤ」という名の神が住んでいたといっているわけではない。つまり、「山」と呼ばれる「マター(物体)」が神なのである。

　インドではヴェーダ時代以来、火(アグニ)はそれ自体が神アグニであるとともに、火に火神アグニが住むとも考えられてきた。しかし、水の場合は水そのものは神ではなく、水に水神ヴァルナが住むのである。大地自体も神ではなく、大地の女神プリティヴィー(あるいは、ブー)は大地に住む神格である。同様に風も、それ自体は神ではない。このように、インドでは、地、水、火、風という元素は、火を例外としてそのもの自体が神とみなされることはない。少なくとも一般的ではない。だが主として地の元素より構成されるヒマーラヤ山は、『王子の誕生』の場合のみならず一般にそれ自体が神なのである。

　カーリダーサは続けて詠う。

　　　すべての山々は　ヒマーラヤを仔牛とみなし
　　　乳搾りに巧みなメール山(須弥山)を乳搾り人となし
　　　輝く宝や薬草を　プリトゥ王に命ぜられた(牝牛の姿の)
　　　大地より搾り出した　　　　　　　　　(1.2)
　　　限りない宝を秘めるかの山の雪は　その山の美しさを損

シヴァの妃パールヴァティー。12世紀頃。南インド出土。国立博物館。ニューデリー。

第3章　シヴァと女神たち　43

なわなかった
　　一つの欠点は長所の群のなかに沈むからだ　月面の点が
　　光のなかに沈むように　　　　　　　　　　　　　　(1.3)
　　ヒマーラヤのもろもろの頂きには　天女たちのあでやか
　　な飾りとなる鉱物があり
　　ちぎれ雲にその鉱物の赤い色が映えて　時ならぬ夕方の
　　ようだ　　　　　　　　　　　　　　　　　　　　　(1.4)
　　山腹までただよう雲の下に広がる影のもとで
　　シッダ(苦行の成就者)たちは
　　雨に苦しめられたとき　日に照らされたかの山の頂きに
　　休む　　　　　　　　　　　　　　　　　　　　　　(1.5)
　　かの山では　象たちを殺した獅子の足跡は
　　その血痕が雪どけ水に洗われて見えないが　キラータ族
　　は獅子の道を見つける
　　獅子の爪の穴からこぼれた真珠によって　　　　　　(1.6)
　このように山の描写が続くのであるが、第1章では妃メーナーすなわちパールヴァティーの母親に関する描写はほとんどない。
　やがてヒマーラヤ山とメーナーのあいだに娘パールヴァティーが生まれる。この娘はすこやかに成長した。カーリダーサはパールヴァティーの美しさを詠う。
　　すべての譬えの基準を集めて順に置きながら　努力して
　　創造主は彼女を造った
　　あたかも一つのものに集められた美しさを見たいと思っ
　　たかのように　　　　　　　　　　　　　　　　　(1.49)
　『王子の誕生』のなかでパールヴァティー（ウマー）は普通の人間の娘として描かれている。山自体が父の身体であったようには、パールヴァティーは山を身体としてはいない。つまり、山の頂きや嶺、山のなかの川や樹木などが、かの女神の身体の全体あるいは一部とみなされるようなことはないのである。では、なぜかの女神はヒマーラヤの娘であったのか。夫シヴァがヒマーラヤ山脈にあるカイラーサ山に住んでいるという神話に沿ったものなのか。あるいは、ウマー自身がそもそも山と関係があったからか、まだ明らかとなっていない。

いずれにせよ、パールヴァティー女神は生類を自らの身体におさめる容器ではなくて、自分自身以外の容器のなかに侵入していく「力」としての女神なのである。

5 シャクティ(力)とマター(物体)の共有

　グプタ朝後期の頃(5世紀頃)から右半身がシヴァ、左半身がパールヴァティー(ウマー)とする像(アルダナーリーシュヴァラ)がさかんにつくられるようになった。「夫」シヴァへと侵入していった力(シャクティ)は、夫の身体の半分を自分の身体としてしまう。シヴァは妻の力の浸食を許したのである。シヴァの半身を妃が有するというモティーフは『王子の誕生』のなかにも明白に述べられている。

　　気ままに遊行していたナーラダ仙は
　　あるとき　父ヒマーラヤの許でかの娘を見つけ
　　この子はシヴァの唯ひとりの妃となり
　　愛によって彼の半身を得るだろう　と告げた　　(1.50)

　力(シャクティ)である女神が「夫」の身体の半分を得るということは、女神はもはや「力」のみではなく「マター(物体)」として把えられたことをも意味する。ここにわれわれは母神が全世界的に古来有している「マター」としての性格がヒンドゥー神話のなかでも浮かび上がっているのをみることができる。とはいえ、『王子の誕生』の女神はまだ「マター」としての機能を充分に発揮しておらず、力という機能をより顕著に働かせている。

　ヒマーラヤが母のような父であったように、シヴァもまた妻に犯されて去勢される運命にあった。女神の力が強くなればなるほど男神は無活動で受容的になった。ヨーガの理論に登場する人体のチャクラ(エネルギー・センター)にみられるシヴァの化身リンガ(男根)には蛇の姿の女神クンダリニーが巻きついている。力の権化であるこの女神は、シヴァの身体としてのリンガに巻きついて住みながら、ヨーガ行者により覚まされるや否や、カマ首をもたげ、脈のなかを上方へとおし入っていく。ペニスを思わせる蛇の姿の女神がヨーガ行者の身体をおし開いていくのである。いささか倒錯めいたイメー

ジではあるが、しかし8～9世紀以降、女神崇拝が台頭するようになると徐々に、女神はその力を狂暴に働かせ「夫」や世界を犯していくのである。

　パールヴァティーは、後世では生血を好むカーリー女神、人身御供を要求したチャームンダー女神、水牛の魔神を殺すドゥルガー女神と同一視されるようになる。清純な乙女のパールヴァティーは血に舌なめずりするカーリーと同一の尊格であるとヒンドゥー神話は語る。『王子の誕生』の作者カーリダーサも女神の恐ろしき側面をどこかでわかっていただろう。女神たちの後世の変容を予見していたかもしれない。

シヴァとパールヴァティーの結婚。男神とその妃が並んで表現される場合、一般に夫は右(写真左)、妻は左(写真右)なのであるが、結婚式のときにのみ、位置は逆となる。パネル中央で手を取り合っている2人が、新郎新婦である。古代インドでは「手を取り合うこと」は結婚を意味する。高い帽子をかぶり、2人のあいだに立つのは月神(チャンドラ)であり、シヴァの左(写真右)はインドラ、その左はヴィシュヌである。妃パールヴァティーの右(写真左)にひざまずいているのは火神アグニ、その右には4面のブラフマーである。写真左端にはパールヴァティーの父王ヒマーラヤに結婚の許しを得るブラフマー神とその背後(写真右)に隠れるようにして王の許しを待つシヴァがいる。エローラ第21窟。

第Ⅱ部
ヒンドゥー教の世界を歩く

ガルダ鳥、サヌール、バリ

1　ガンジス河とヒンドゥー教

ヴァーラーナシー / ベナーレス
Varanasi/Benares

　ヒマーラヤ山脈とデカン高原に挟まれたインド平原をガンジス河が南東の方角に流れる。その河の岸に**ヴァーラーナシー（ベナーレス）**の町がある。この町を人びとは「聖なる町」と呼ぶ。聖なるガンジス河の岸に沿うように、この町の旧市街が建てられている。途方もなく多くのヒンドゥー教徒たちがこの町の河岸で沐浴するために訪れる。広大なインドにおいてもこの町は特別な場所と考えられており、人びとは決死の思いでこの町を訪れる。遠方に住む者のヴァーラーナシーへの旅は生涯にとっての一大イベントなのである。

　河岸には火葬場が設けられており、竹で組まれた担架で担がれた遺体がつぎつぎと運ばれてくる。河岸の水で人びとが沐浴し、そのすぐ横で火葬がおこなわれている。このような光景は、インドやネパールでは珍しいことではない。どの町や村でもおこなわれていることだ。ならば、ヴァーラーナシーの町をかくも有名にしているのはいったい何か。

　五河（パンジャブ）地方に侵入したアーリア人たちが約千年をかけて東インドへと移住していったことはすでに述べた（→p.11）。インド平原のほぼ中央にあって、しかも水が豊富であったヴァーラーナシーは、アーリア人たちが東に進む過程でつくった主要都市の一つであった。元来は牧畜中心に生活していたアーリア人たちが、このインド平原に勢力を伸ばしたときには、都市文明や農耕文化

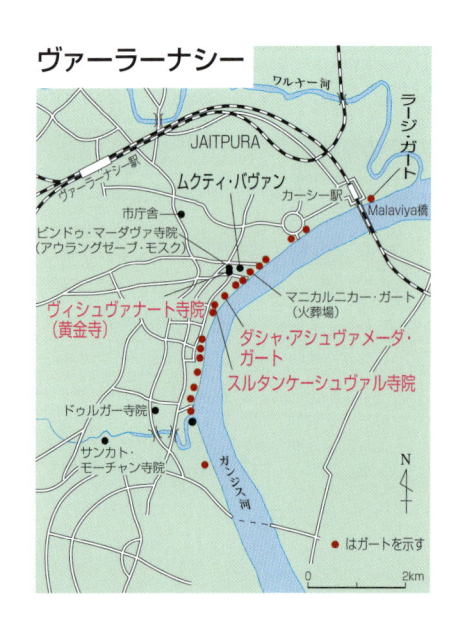

遊行僧（サードゥ）、ヴァーラーナシー

ガンジス河のガート、ヴァーラーナシー

は彼らの生活のなかで重要なものであった。都市周辺の農業地帯は都市の人びとの生活を支えていたのである。古代都市ヴァーラーナシーではバラモン僧たちによるヴェーダの宗教儀礼が盛んにおこなわれており、この都市はバラモン文化の牙城であった。

　この町を流れるガンジスの河岸に設けられた**ガート(沐浴場)** は一定の区画ごとに名前がつけられているが、その一つに**ダシャ・アシュヴァメーダ・ガート**がある。「ダシャ」とは10を意味する。「アシュヴァメーダ」とは、馬(アシュヴァ)の犠牲祭(メーダ)、すなわち馬を自由に歩かせて、その馬が歩いた土地を領土とし、その上で馬を犠牲として捧げた古代のヴェーダの宗教儀礼である。おそらくはこの岸でアシュヴァメーダ祭がおこなわれたのであろう。

　このように、この町には2500年以上の歴史がある。しかも、ガートの状況は当時とそれほど変わっていないと思われる。ガートのうしろにはレンガと石の家がびっしりと立ち並んでいるが、これらの館はインド各地の藩侯たちが参拝に訪れるときのために建造されたものだ。それらの建物はせいぜい3、4世紀の歴史を有しているにすぎず、それ以前のガートの景観は今日のものとは異なっていたであろう。しかし、同じ場所が2500年以上にわたって同じような用途に用いられてきたということは、格別のことである。

1　ガンジス河とヒンドゥー教

オランダにライデンという古い町がある。この町にはいたるところに川あるいは水路があるが、これらの水路には古代ローマ人の手が加わっているという。千数百年以上も前のことである。しかし、今日のライデンにローマ人が住んでいるわけでもなく、ローマの神々の儀礼がおこなわれているわけでもない。しかし、ヴァーラーナシーの町では2500年前と同じような営みが続いているのである。

日本の場合はどうであろうか。飛鳥の地を訪れるとき、われわれは1500年昔の面影をかすかに偲ぶことはできる。しかし、万葉の歌に詠われたかの土地が今日の日本人の「信仰」の中心として機能していることはない。インドにおけるヒンドゥー教と較べるならば、生きている伝統の厚みが違うのである。

2500年以上の歴史を有する都市ヴァーラーナシーは美しい町とはいえない。緑がそれほどあるわけでもなく、聖なるガンガー（ガンジス河）は澄んだ水を運んではいない。町のなかに目を見張るような壮麗な建造物があるわけでもない。狭い路地を水牛が糞を

死後の世界

ヒンドゥー教が、そして仏教も同様であるが、もっとも大きな関心を示した問題の一つが死後の世界であった。中国人や日本人が死後を考えなかったということではない。しかし、インドの精神文化のなかでは、死の問題、とくに死後の世界の問題は他の国の文化における以上の重みをもっているように思われる。つまり、インド人は生のなかにつねに死を引き入れて暮らしてきたといえよう。

ヴェーダの宗教においても、人が死後に行くところは重要な問題であった。しかし、ヴェーダの宗教は基本的には現世における利益を追求していた。ヴェーダ聖典に基づいた儀礼主義が衰え始めた頃、ウパニシャッド聖典群が編纂されるようになった。この新しい聖典群では個々の人の霊魂が主要な問題となった。死後の世界が問題となるためには、肉体とは別の存在である魂（霊魂）が個々の人間に存在するとの前提がなくてはならないが、ウパニシャッドの哲人たちのあいだにはこの前提が存在したのであった。

第1部の第2章でみたように、インド人の死後の世界に関する考え方に、大きく分けて二つの考え方がある。すなわち、死後、天界に赴くという考え方と、輪廻(りんね)の世界に留まってつぎつぎと新しい肉体を得るという考え方である。後者の場合は、輪廻から脱出すること（解脱(げだつ)）が最終的な目標と考えられている。

第1の考え方はとくにヴェーダの宗教にみられるが、この宗教にあっては人が死ぬ前に数多くの儀礼の執行を僧侶に依頼して功徳を積んでおくことが薦められた。積み重ねられた功徳は貯金通帳に記された額のようなものであって、自分はこれだけの功徳を積んだゆえに死後は天界に生まれることができるはずだ、と考えられた。

第2の考え方である輪廻とは、肉体が亡んだとき、永久不滅の魂は、「古くなった着物を捨てるように」つぎの肉体を得るという考え方である。その原初的なかたちは、ヴェーダ期の後期にすでにみられるが、今

スルタンケーシュヴァル寺院の朝、ヴァーラーナシー

日信じられているような輪廻説のヴァージョンにいたるまでは、さまざまな変化、発展の過程をへねばならなかった。

輪廻のことを「サンサーラ(saṃsāra)」という。sam- とは、ここではぐるぐるとめぐること、つまり円環的運動を意味し、sāra とは、動詞 sr̥ から派生した名詞である。この動詞は流れること、動くことを意味する。したがって、円環的にめぐること、つまり輪廻なのである。人間の行為が結果を生み、その結果がわれわれを縛りつけてこの苦の世界のなかに留めておくというのが、輪廻の思想である。

ヴァーラーナシーのガンジス河ガートでは水のなかに人びとが浸かっている。それによって罪が浄められるとも、天に行くともいわれている。「輪廻から解放される」というヒンドゥー教徒も多くいる。ガンジスの水に浸かるという行為は、バギーラタという王が苦行をしてそれまで天上を流れていたガンジス河を、地上に降下させるという力を得たという伝説に由来する。バギーラタは戦争で死んだ叔父たちの魂がまだ天国に行けずに苦しんでいると知る。そして、天を流れる河の水を彼らの骨にかけるならば、叔父たちの魂は天に行く、と聞く。バギーラタは苦行の末、天界を流れる河を降下させる力を得たので、天の河を地上に降下させようとした。

しかし、それを見ていたシヴァ神が、彼を止めて、「バギーラタよ、あなたが天を流れるガンジス河を、今、そのまま地上に降ろしてしまったならば、地上は洪水になってしまう」という。シヴァは自分の巻髪をほどき、彼の髪の毛にガンジス河の水が落ちるようにして水を流したと伝えられる。

ガンジス河降下の伝説、ハリドワール

1 ガンジス河とヒンドゥー教　51

しながら歩き、街角の小さな社(やしろ)のかたわらには、神像に捧げられていたと思われるミルクの混じった枯れた花や果物の皮が積み上げられたままである。だが、この町にいると、そのようなことはほとんど問題にならない。それが先ほどから述べている伝統の厚みに関係していることはまちがいない。

ハリドワール/ハルドワール
Haridwar/Hardwar

デリーから北北東へ数時間、車を走らせると**ハルドワール**の町に着く。「ハル」とはハラ Hara つまりシヴァ神を意味し、「ドワール」とはサンスクリットの「ドヴァーラ (dvāra)」すなわち門のことである。ハルド

ダクシナー・カーリー(南向きのカーリー)、ヴァーラーナシー

クンブ・メーラー祭、ハリドワール、1986年

ワールすなわち「シヴァの門」とはシヴァ宮殿の門を意味するが、シヴァの宮殿はヒマーラヤのカイラーサ山にあるといわれる。この山は今日ではネパール、インドおよび中国の三国の国境近くにあるが、山そのものは中国領に属している。カイラーサ山からハルドワールまでは数百kmある。つまり、シヴァの宮殿から数百km離れた地点に門があると考えられているのである。

　この町の商店などの看板には「ハリドワール」とも書かれている。すなわち、この町は「ヴィシュヌ（ハリ）〔の宮殿〕の門」とも呼ばれる。この町はガンジス河沿いにあり、河岸には沐浴場が設けられていて、多くの人びとがここで沐浴するために訪れる。

　沐浴場には、「ハリ・キ・パエディ（ヴィシュヌのサンダル）」と呼ばれる小さな出島がある。これは歴代の王たちによって沐浴場として岸から20mも離れていないところに造られたものであり、ここがこの霊場の中心である。人びとは特別な容器にガンジス河の水を入れて家に持ち帰る。聖水を入れた容器を収めた小さな御輿を肩に担いで、素足のまま自分の家まで歩いていく人びともいる。その御輿は家に着くまではけっして地面に降ろしてはならないという。

　この町では12年ごとに**クンブ・メーラー**（甘露の壺を求める集まり、→p67）と呼ばれる大祭がおこなわれ、数百万のヒンドゥー教徒が集まってくる。この町を中心にして約130平方kmの地域がこの大祭に集まった人びとで賑わうのである。最近では、1974、86、

法事の日を台帳に記すバラモン僧、ハリドワール

ガンジス河に遺灰を流す人びと、ハリドワール

98年とおこなわれてきた。

リシケーシ　Rishikesh

ハリドワールから1時間あまり北に行くと、**リシケーシ**というヒンドゥー教の聖地がある。このあたりでシヴァが自分の巻髪を解いて水を受けたと伝えられている。川幅の小さな上流から流れてきた水は、地下から湧き出た水をも含んでこのあたりで大きな流れとなる。このようなガンジス河の流れを古代のインド人は、このあたりでガンジス河が天から降下したと表現したのであろう。

ガンジスの河岸に沿ってヒンドゥー教寺院が並んでいる。2002年春にここを訪れたときには、川岸のガートでヴェーダ祭式の仕方に従ったホーマがおこなわれていた。ここにはまだそのような伝統が残されているのである。寺院の近くには巡礼者たちのための宿も数多くみられた。

またここはヨーガ行者たちの修行場としてもよく知られている。河を見下ろす丘の上にはヨーガ道場がいくつもつくられており、ヨーガを実習するために滞在している外国人も多い。

ヒンドゥー教の修行僧、リシケーシ

ガンジス河岸のリンガ・ヨーニと中洲のシヴァ像、リシケーシ

トリヴェニ・ガートでおこなわれるアーラティー（灯を回しながら神を礼拝する儀礼）、リシケーシ

2　コルカタからオリッサへ

コルカタ／カルカッタ
Kolkata/Calcutta

〈ガンジス河口の街コルカタ〉

　ヒマーラヤ山脈は、東はブータンから西はラダックまで延びている。そのなかほどに切れ目があり、そこにカイラーサ山があることはすでに述べたが(→p36)、ガンジス河はカイラーサ山の近くの水源からヒマーラヤ山脈を南に流れ下り、インド平野を潤しながら東に向かって流れる。一方、ほとんど同じ地点の水源からヒマーラヤ山脈の北のチベット高原を東にツァンポ河として流れ、アッサム地方をブラフマプトラ河として南下し、その後西に向かって流れたのち、ガンジス河の本流と合流して南下し、ベンガル湾に注ぐ。南下するガンジス河にほぼ平行して走る支流フーグリ河沿いにベンガル州の州都**コルカタ**（カルカッタ）がある。

　インドの西の玄関がムンバイであるとすれ

ラーマクリシュナ・ミッション礼拝堂、コルカタ

ラーマクリシュナ・ミッションにおける礼拝、コルカタ

参拝に来た女性たち、ダクシネーシュヴァリー寺院、フーグリ河畔

ば、コルカタは東の玄関であるといえよう。デリーが首都に定められるまでは、コルカタが首都の候補地であった。インドを代表する美術品を集めたこの地の博物館は「**インド博物館**」と名づけられている。ちなみにデリーの博物館は「国立博物館」と呼ばれる。さまざまな事情でデリーが首都となったのちも、コルカタは東インドを代表する都市である。

19世紀中葉から、インドではイギリス帝国およびイスラム教徒による政治的支配を排除しようとして国民的運動が激しくなった。コルカタはこの運動が始まったところであるとともに、インド独立にいたるまでその運動の中心地の一つでもあった。この運動の柱の一つはヒンドゥー教の復興であったが、この運動にとって決定的な意味を有した人物は、「近代ヒンドゥー教の父」ともいわれるラーマクリシュナである。彼は新しい宗派を開いたわけでもなく、巨大な教団を組織したのでもない。しかし、彼は弟子に恵まれた。**ラーマクリシュナ・ミッション**を創設したヴィヴェーカーナンダなどの弟子たちがヒンドゥー教の思想および教団を近代化し、今日にいたっている。

〈カーリー寺院〉

コルカタの市街地を走る**チョーロンギー通り**に沿って**インド博物館**があるが、ここから南に4kmほどの地点カーリー・ガートに**カーリー寺院**がある。今日、この寺院は河岸にはない。しかし、かつてはここもガンジス河の小さな支流の岸にあったといわれる。この寺院の境内はむしろ狭く、本堂も小さい。本尊は高さ数十センチの石像であるが、美術的価値のある像ではない。だが、この

太陽が磨羯宮(まかつ)に入った時(冬至〜1月20日頃)におこなわれるメーラー(祭り)、ガンジス河の中洲ガンガーサーガル

　寺院には連日大勢の信徒がおしかけており、本尊を見るためには人ごみをかきわけていかねばならない。
　この寺院を有名にしている要因の一つは、本堂の横でおこなわれている動物犠牲であろう。本堂の横には首ほどの間隔を保って板が2枚垂直に立てられている。この板のあいだに動物の首をさし入れて、一気に首をはねるのである。自分の首をさし入れて、しばらく目を閉じている女性もいた。
　首をはねられた子山羊がつぎからつぎへと寺院の外に運び出され、解体される。調理しやすそうな部位がビニール袋に詰められて信徒に渡されたのち、残りは山羊自身の毛皮に包まれて境内の一隅にある処理場に運びこまれる。
　このように生きた動物を犠牲として捧げることは今日のヒンドゥー社会においてもおこなわれているが、これに対して動物虐待であるゆえに禁止すべきだという声が内外にある。しかし、ほとんど毎日のように肉を食べている者が動物犠牲は残酷だから止めるべきだというのは不合理であろう。「犠牲祭において動物に不必要な恐怖と苦痛を与えることは野蛮だ」というのが、犠牲祭に反対する者たちの理由であるようだが、恐怖や苦痛を味わわせることなく食肉とするならば、それは「残酷」ではないのかという疑問も生まれてくる。
　ともあれ、今日のヒンドゥー教世界にあっては、動物犠牲をおこなう地域あるいは集団とおこなわれない地域あるいは集団とはかなりはっきりと区別がつくように思われる。小さな閉鎖的カルト集団においておこなわれているというのではなく、社会一般にある程度認められ、しかも上位カーストの者たちによっても執行される動物犠牲は、ベンガル、オリッサなど東インドにおいてみられ

聖者ラーマクリシュナ（1836〜86）

　ラーマクリシュナは貧しいバラモンの家に生まれ、成人してコルカタ市の郊外にあるダクシネーシュヴァリー寺院の役僧となった。この寺院はいわゆる「低カースト」出身の女性によって創建されたので、バラモン階級出身の彼は当初、この寺院での生活を嫌ったようであるが、やがてダクシネーシュヴァリーつまりカーリーへの帰依（きえ）の念を深めていった。彼は眼前にカーリー女神の姿を見たいと願うようになり、ある種の観想法を実践した。その結果、彼は眼前にカーリーをありありと見ることができたという。また弟子のヴィヴェーカナンダにもその女神の姿を見せることができたと伝えられている。

　ラーマクリシュナが女神を見ていたとき、あるいはその直後の彼の状態から推察するに、彼は、いわゆる憑依（ひょうい）（ポゼッション）の状態にあったと考えられる。憑依とは霊的なものあるいは聖なるものが実践者に降りてきて、その実践者の人格を支配するかのように力を増すことである。つまり、ラーマクリシュナに女神カーリーが降りてきて、ラーマクリシュナの人格を所有するかのようになったのである。カーリー女神が「降りた」ときのラーマクリシュナは自力では食事を取ることもできなかったといわれる。このような憑依状態は彼にとっては帰依（バクティ）の証し以外の何ものでもなかった。ラーマクリシュナの信仰・思想の中核はカーリー女神への帰依なのであった。この聖者の体験を外からみるならば、彼にあってはインド古来の伝統である帰依と神を「降ろす」シャマニズムの技法が統一されていたと解釈できよう。

　しかし憑依は正統バラモンの伝統にあっては危険視されることはあっても、重視されるものではなかった。にもかかわらず、明らかに憑依と思われる現象をたびたび経験したラーマクリシュナはバラモン階級出身の者たちによっても尊敬され、近代ヒンドゥー教の父といわれている。その信仰・思想の創造性、独創性においてラーマクリシュナはおそらく中世のヒンドゥー教の神学者ラーマヌジャ（11〜12世紀）を継ぐ者であるといえよう。

　ラーマクリシュナのような憑依体質の思想家が重視されたのには、ベンガルの地域性も考慮に入れる必要があろう。彼がインド西部のマハーラーシュトラに生まれていたならば、カーリー女神を眼前に「降ろす」行法に専念することはなかったにちがいない。少なくとも、マハーラーシュトラの伝統的バラモンたちにとっては、憑依は歓迎されるべきものではなかったからである。

　マハーラーシュトラとベンガルとのこのような相違は、シャマニズムの影響と関係すると思われる。シャマニズムにあっては憑依が重要な身体技法の一つであるが、ベンガルはマハーラーシュトラよりは遥かにシャマニズムの影響を強く受けた地域である。

カーリー女神に供養するラーマクリシュナ

ることが多い。また、ネパールのカトマンドゥ盆地でおこなわれる秋のダサイン祭(→p.98)の時には、数多くの水牛や山羊が犠牲にされる。西インドのマハーラーシュトラでも「低」カーストの儀礼などにおいてみられないわけではないが、東インドの方がより頻繁におこなわれている。

動物犠牲および肉食を考える際には、タントリズム(密教)と呼ばれる宗教形態との関連も考慮に入れる必要があろう。タントリズムとは、ヒンドゥー教、仏教、あるいはジャイナ教がある程度の発展を遂げたあとで、それぞれの歴史的状況に対応するために自らの儀礼や実践のあり方を修正した形態である。例えば、仏教タントリズムは古代のヴェーダ儀礼や土着の崇拝形態を積極的に取り入れた。その結果、仏教タントリズムには古代の正統バラモンの儀礼のみならず、非アーリア系の血、骨、皮を使った儀礼も含まれるようになった。

このことは「タントリズム(密教)」と呼ばれる形態がネパール、ベンガル、オリッサにおいてマハーラーシュトラ、タミルナードゥなどにおけるよりもより強い勢力を過去において有したこと、現在においてもその勢力はいくぶん残っていることと関係しているのではなかろうか。ネパール、ベンガルなどの地方においてはマハーラーシュトラなどにおけるよりも動物の肉や魚肉をより多く食するということも考慮に入れる必要があろうが、タントリズムの興隆と肉食とは無関係でない。インドの正統派バラモンには肉食を嫌う傾向がある一方で、ヒンドゥー教および仏教のタントリズム(密教)では肉を摂取することを許したり、時には命じたりすることがある。さらにタントリズムとシャマニズムとは深く関係する。後世、タントリストたちは自分たちの実践の方法のなかにシャマニズムの身体技法を積極的に取り入れたからである。

もっとも今日のベンガル地方のヒンドゥー教に、例えばネパールのヒンドゥー教にみられるような強いタントリズムの要素がみられるわけではない。ラーマクリシュナの信仰および思想も、今述べたようにシャマニズムの影響を受けているとは思われるが、その中核はヒンドゥー教が古代から有してきたバクティ(人格神に対して精神的救済を求める信仰)である。この近代の聖者は自らのバクティを実践する方法としてシャマニズム的身体技法を用いたと考えられるのである。

カーリー女神、カーリー寺院

カーリー寺院、コルカタ

オリッサ　Orissa

〈オリッサのヒンドゥー寺院〉

　コルカタから南西の方角に飛行機で約1時間飛ぶと、オリッサ州の州都**ブバネーシュヴァル**に着く。オリッサ州はベンガル湾に臨み、大きくいえばベンガル文化圏に属すると考えられるが、コルカタを中心とした文化とはまた異なった文化形態を有している。

　この地には前3世紀、カリンガ王朝があったが、マウリヤ王朝のアショーカ王によって滅ぼされた。そのおり「10万にのぼる戦死者を出した」と伝えられている。その後、2世紀頃から7～8世紀頃まではこの地にカリンガの名を有する王朝が小国ながら存在した。12世紀頃からこの地は「オリッサ」の名で呼ばれたと考えられている。

　オリッサにはサンスクリットを理解する人びとの数が多く、インドにおけるサンスクリット研究の中心の一つである。7～13世紀に建造された数百にのぼる石造りの寺院がブバネーシュヴァルとその周辺に残されており、それらの寺院のあるものは今日でも生きたヒンドゥー教寺院として機能している。ブバネーシュヴァルは東インドを代表する宗教都市として栄えてきたのである。

プリー　Puri

〈ジャガンナート寺院〉

　ブバネーシュヴァルから南へ車で2時間ほどでヒンドゥー教の四大聖地の一つとして知られる**プリー**に着く。ここには12～15世紀にかけてつくられた**ジャガンナート**寺院があり、この寺院でアーシャール月（太陽暦の6～7あるいは7～8月）には巨大な山車を引く巡行祭がおこなわれる。「ジャガンナート」とは「ジャガド（世界）のナート（主）」の意味であり、サンスクリットの音便により「ジャガンナート」と呼ばれる。この命名はサンスクリット文化の伝統に従うものであることが明らかであり、この寺院がヒンドゥー教の「大いなる伝統」のなかに取り込まれてからは、ヴィシュヌをさす。しかし、このジャガンナート神は、元来はヒンドゥー教と関係ない伝統の神であったと思われる。名称も「ジャガンナート」というようなサンスクリット名ではなく、土着の名称があったはずである。

　この神のイメージは、丸太の断面のような顔に大きな丸い目を貼りつけ、短い小さな手をつけたようなものである（下図）。この奇妙な神像の両横には同様の姿を有するス

ジャガンナート寺院、プリー

ジャガンナート神

2　コルカタからオリッサへ

バドラー女神とバララーマ神の像が並べられるのが一般的だ。この2神の名称も典型的なサンスクリット名であるが、かつてはこの土地の名称をもった神々であったに違いない。

　マハーラーシュトラ州からその南のカルナータカ州にかけて、ヴィッタル崇拝がみられる。「ヴィッタル」とは、ヒンドゥー教の「大いなる伝統」がこの地を覆ってからはヴィシュヌをさすようになったが、ジャガンナートの場合と同様に、かつてはヴィシュヌとは無関係の神であったと考えられる。

コナーラク　Konark

〈太陽神殿〉

　プリーから35km東に行くと、海岸の町**コナーラク**に着く。ここには13世紀に建てら

太陽神スーリア、太陽神殿、コナーラク

ナーガ(蛇)とナーギー(雌蛇)の合体像(ミトゥナ)、上半身が人間、太陽神殿南面、コナーラク

九曜(くよう)(太陽、月、火星、水星、木星、金星、土星、ケートゥ〈彗星〉、ラーフ〈日月食を起こす星〉、太陽神殿、コナーラク

太陽神殿、コナーラク

れたコナーラクの**太陽神殿**がある。エローラやアジャンタなどのマハーラーシュトラの窟院が巨大な岩を掘り抜いたものであるのに対し、オリッサの寺院建築はほとんどの場合、切り出した石材を積み上げてつくるいわゆる石積寺院である。そうした石積み寺院の典型として、この太陽神スーリアの神殿を挙げることができる。

スーリア神はすでに『リグ・ヴェーダ』において登場する神であり、輝く日輪の神格化であった。ヒンドゥー教の時代には、スーリアは茎のついた蓮華を左右に持ち、馬車を駆る姿で造形作品に表現されるようになった。コナーラクの神殿は太陽神スーリアの馬車の姿を映している。7頭の馬は1週間を、12組24個の車輪は12カ月、つまり1年をあらわしているといわれる。この寺院の本尊だったスーリア像はイギリスに持ち去られ、今日、大英博物館にある。

ブバネーシュヴァル
Bhubaneswar

〈リンガラージャ寺院〉

　ブバネーシュヴァルの石積み寺院の代表としては**リンガラージャ**(リンガの王)**寺院**がよく知られている。この寺院は城壁のような高い塀で囲まれているが、そのなかには大きなもので高さ54m、小さなもので10mほどのリンガ形の寺院が100あまり存在している。

　塀によって囲まれた空間に塔あるいは社

リンガラージャ寺院、ブバネーシュヴァル

が並ぶという形式は、オリッサにおいても存在するが、南インドにおいて一般的である。インドネシアのバリ島におけるヒンドゥー教寺院はほとんどの場合、塀によって囲まれており、「プラ」と呼ばれている。「プラ」とは元来、城壁に囲まれた町を意味した。バリ島のプラの構造は明らかに南インドの伝統を受けたものだ。

　塀に囲まれたリンガラージャ寺院のコンプレックス（複合体）全体を見る者はおそらくマンダラを思い起こすであろう。もっとも大きなリンガがマンダラの中尊であり、その周囲に配されたさまざまな形のリンガは中尊をとりまく妃や菩薩たちに譬えることができる。また、この寺院の塀は仏や菩薩たちの住む館の壁と考えられる。

　仏教の密教行者たちは館のなかに仏や菩薩が並ぶのを瞑想する。彼らは、人間など

の生類（世間）が山や川のある場（器世間）に住んでいるというあり方を「聖化」することにより、仏・菩薩が器としての宮殿に住んでいると考えるのである。仏教におけるマンダラは、生類が生まれ、成長し、消滅する過程を瞑想する装置である。仏や菩薩といえども、やがて消滅する無常なるものであった。そのため、インドにおけるマンダラ儀礼においては、儀礼ののち、マンダラ壇は破壊されるべきものと定められている。

　しかし、リンガラージャ寺院というマンダラは無常なる世界を表現しているようにみえない。ヒンドゥー教神話にあっても世界の創造、維持および破壊が途方もなく多い回数繰り返されたのち、創造神ブラフマーが死ぬと世界は完全に消滅すると考えられている。しかし、ヒンドゥー教徒たちはこの宇宙の終焉を常に視野に入れているわけではない。例えば、ヨーガ行者が「ものがそこから生まれ、それによって生き、死後そこに帰るもの」としての宇宙の根本原理ブラフマンを瞑想することはあっても、その根本原理ブラフマンの消滅を瞑想することはまずない。ヒンドゥー教徒にとって神は実在するものでなくてはならないのである。彼らにとって「シヴァの姿そのものである」リンガは世界であり、存在し続けるものである。仏教におけるように空なるものではない。

〈ムクテーシュヴァル寺院〉
　巨大なコンプレックスであるリンガラージャ寺院とは対照的に小規模ではあるが、ブバネーシュヴァル市には**ムクテーシュヴァル寺院**がある。これもまたオリッサを代表する寺院建築の一つであり、10世紀の後半の建立と考えられている。この寺院は東西約70

「虚空リンガ」

　インド人たちはリンガの上に「虚空リンガ(アーカーシャ・リンガ)」が存在すると考える。つまり、筒形あるいは卵形のリンガはシヴァのすべてをあらわしているわけではなく、虚空もまたリンガの一部であると考える。ようするに、全世界がリンガなのである。後世、とくに9、10世紀以降のヒンドゥー教にあっては、全世界がシヴァあるいはヴィシュヌといった神の身体であると考えられるようになった。したがって、全世界がリンガであり、それはシヴァの姿あるいは身体であるという考え方は、ヒンドゥー教にあっては一般に受け入れられたのである。

　リンガラージャ寺院における無数のリンガの総体は、それ自身を拡大誇張していくことにより宇宙と一体化しようとするかのようである。虚空リンガの存在によってリンガラージャ寺院は宇宙と同じ大きさを有しているのである。

　自己(個我)と宇宙との同一性を直証すること、これはインド精神が古代から今日にいたるまで求めたテーゼの一つである。仏教誕生以前に成立した初期ウパニシャッドの一つである『チャーンドーギヤ・ウパニシャッド』は宇宙の根本原理と個我との関係を「お前はそれである」と語った。「お前」とは個我(アートマン)を、「それ」とは宇宙原理(ブラフマン)を意味した。

　ヒンドゥー教徒は、例えばリンガという筒形あるいは卵形という具体的なシンボルに関わることから始め、つぎにその具体的な造形につぎつぎと意味を与え、さらにそのシンボルが全宇宙を意味することになるまでつき進む。最終的には個我、あるいは小さな造形が宇宙と一体となり、宇宙のなかに吸い込まれることとなる。このような手順によって、ヒンドゥー教徒は小宇宙のイメージから大宇宙のそれへと進むのである。

　仏教徒はこのような手順を踏むことはない。仏教徒にとって、宇宙は実在ではなく、自分たちがそのなかに溶け込むものではないからである。仏教徒は宇宙を存在しないもの、あるいは空であると考えることによって、大宇宙のなかに溶け込むことをやめ、自己の世界へと戻ってくる。もっとも彼らにとって自己もまた空なるものであった。したがって、仏教徒は安住するところがなく、つねに空という否定作業のなかに留まらねばならない。仏教徒もたしかに巨大な仏塔を残してはいるが、仏塔はブッダの涅槃、つまりこの世界からの離脱を指し示しており、リンガラージャ寺院のリンガのように宇宙への拡張をめざしてはいない。

m、南北約60mの四角形の塀に囲まれている。ムクテーシュヴァルのほぼ中央に拝殿(マンダパ)と本殿(プラーサーダ)を分ける緩衝壁があり、その壁には本殿への入口が設けられている。

　拝殿の内部は東西に約4.6m、南北に約3.6mしかなく、この内部では大掛かりな儀礼をおこなうことはできない。拝殿の天井の中央に円輪があり、その中央にある蓮華の周囲が八方に仕切られ、七母神とシヴァが描かれている。この寺院が建立された頃には、七母神はシヴァ崇拝の傘のなかにはいっており、七母神のそれぞれはシヴァの妃と考えられていたのである。ここではこれら

の八神は四方と四維を合わせた八方を守る神と考えられたと思われる。

　本殿のなかには約2.3m四方の奥室(ガルヴァ・グリハ)があり、この部屋の中央にはヨーニ(女性性器のシンボル)を貫いて起立するリンガがみられる。この造形はリンガ・ヨーニと呼ばれてシヴァのシンボルとしては一般的なものである。リンガが単独で祀られることもあるが、リンガとヨーニが合体したシンボルの方がより一般的である。このシンボルは男性原理シヴァと女性原理を象徴するシヴァの妃とが、本来は一体のものであることをあらわすといわれている。

　リンガがヨーニを貫いているのをわれわれは見ている。ということは、われわれは女神の胎内にいるということを意味する。それゆえに、リンガ・ヨーニのある奥室の内部には装飾がない。

　リンガ・ヨーニが戸外に置かれていることは、奥室のなかにおさめられている場合よりむしろ多い。つまり、このシンボルは、それを見た人びとに対して「この世界はすでに女神の胎内に包まれてある」と告げているのである。ムクテーシュヴァル寺院の奥室に入る入口の上部には九曜(太陽、月、火星、水星、木星、金星、土星、ケートゥ〈彗星〉、日月食を起こすラーフ星)の浮彫りが並ぶ。これは奥室が宇宙であることを示している。このようにムクテーシュヴァルもまたシヴァと宇宙が一体であることをあらわすヒンドゥー教の代表的寺院である。

ムクテーシュヴァル寺院、ブバネーシュヴァル

リンガ・ヨーニ、ムクテーシュヴァル寺院本殿

ムクテーシュヴァル寺院のトーラナ(門)

3　ウッジャインからエローラ、プネーへ

ウッジャイン　Ujjain

〈ウッジャインという町〉

　インド東海岸のオリッサから内陸にはいったインド中央部のマディヤ・プラデーシュ州に**ウッジャイン**という町がある。この町の歴史は古く、ブッダの生きた時代に連立した16国の一つ、アヴァンティ国の都であった。前3世紀にマウリア王朝のアショーカが即位前に太守を務めた所でもある。またここには5世紀、中央集権国家グプタ王朝が第2の都を置いた。

　この町はヒンドゥー教の聖地としても知られている。12年ごとに**クンブ・メーラー**（サンスクリットではクンバ・メーラー）と呼ばれる大祭がおこなわれ、数百万の人びとが集まってくるからである。「クンブ」とは壺を、「メーラー」とは集まりを意味する。この祭りは「壺を求めての集まり」のことであるが、この名称は古代の神話を踏まえている。

　かつて神々（スラ）と魔神たち（アスラ）は、相談して乳海を攪拌して宝を取り出すことになった。彼らはマンダラ Mandara 山を攪拌棒とし、大蛇ヴァースキをその山に巻きつけ、魔神たちが蛇の頭を持ち、神々が尾を持って、山を回転させ、乳海を攪拌した。マンダラ山の下ではヴィシュヌが亀に化身して台となった。取り出されたいくつかの宝の最後のものは壺にはいった不死の霊薬（アムリタ）であった。神々と魔神たちはその霊

クンブ・メーラー、ウッジャイン

海獣マカラに乗る女神ガンガー（ガンジス河）、ウッジャイン

遺灰をガンジス河に流す女性、ウッジャイン

クンブ・メーラーに集まった女性行者たち、ウッジャイン

ウッジャインのクンブ・メーラー

クンブ・メーラーに集まった人びと、ウッジャイン駅

ガンジス河で沐浴する人びと、ウッジャイン

薬を飲もうと争うが、インドラ（帝釈天）の息子ジャヤンタが壺を奪い、12日間、毎日場所を変えてそれを隠したという。その12の場所のうち、8カ所は天上界であり、4カ所は地上、すなわちハリドワール、アッラハバード（プラヤーグ）、ウッジャインおよびナーシクであった。

〈ウッジャインのクンブ・メーラー〉

　神々の12日は人間の12年に相当すると考えられている。壺（クンブ）におさめられた霊薬の滴は、壺が隠された各地を流れる河に溶けていると信じられたため、人びとはこの4聖地で沐浴をしようと12年ごとに集まってくるのである。人口約40万人のウッジャインの町は、12年ごと、約3カ月間、人口数百万の巨大都市にふくれあがる。行者はむろんのこと一般の人びとも集まってきて、テント生活をする。行政も人の集まる場所を区画に分け、警備体制を整え、水、食料、電気、トイレ、仮設の病院などを用意する。

　人びとは命じられてここに集まるわけでもなく、音楽とか演劇などを見にくるわけでもない。聖なる河の水で沐浴することによって自分たちを清めるために訪れるのである。たとえ社会的な犯罪を犯していなくとも、日常生活においていかに正常に生きていようとも、ヒンドゥー教にあってはともかくも生きていることは清められるべきことだと考えられている。日常の「俗なる」生は清められて「聖なる」生にいたらねばならない、というのがヒンドゥー教の第一前提なのである。

　それにしてもインドではひとつの行事に途方もない数の人が集まる。。1977年のクンブ・メーラーに集まった大衆の数は4カ所合わせて1500万、89年には3000万にいたったという。これだけの人びとが聖なる水で沐浴するために動く。日本では考えられないことである。インドの国土は日本の8倍あり、人口は10倍に近い。そうではあるが、インドでは桁はずれの数の人間が集まる。それも1人1人の魂の浄化を求めて、である。

クンブ・メーラーに集まった行者たち、ウッジャイン

エローラ　Ellora

〈エローラ石窟〉

　ウッジャインから南南西の方角に200kmあまり行くと、**アウランガバード市**に着く。ここはムガル王朝第6代の王アウラングゼーブが築いた町だ。今日、市民の多くはイスラム教徒である。

　アウランガバードから車で北北西に50分走ると、**エローラ石窟**に着く。ちなみに北東に車で2時間ほど行くと、仏教の壁画で有名なアジャンタ石窟である。この石窟には、日本の法隆寺金堂壁画の源泉とも考えられる壁画が残っている。また、アウランガバード市の近郊には、観音菩薩が人びとをさまざまな困難から救う「八難救済」の場面の浮彫りが残ることで有名なアウランガバード石窟がある。

雨期のエローラ石窟

　インドには現在、約千の石窟が残されているが、巨大な岩石を横から掘り進めていって岩のなかに壮麗な寺院あるいは部屋をつくるためには、まず柱や広間を掘り抜くに耐える質と量の岩山が豊富にあり、かつそのような岩が地表に出ていなければならない。

　エローラやアジャンタはそのような条件のそろった地域にある。というのは、アウランガバード一帯は、途方もなく巨大な岩盤であるデカン高原の北部がインド平原と接するところである。インド半島は逆三角形の形をしており、東はインド洋、西はアラビア海に挟まれている。この逆三角形のほとんどの部分が巨大な岩盤なのであり、「デカン・プレート」と呼ばれている。インドの西玄関ムンバイからプネー、アウランガバードというように東へ進む路は、デカン高原の地盤が川の流れによって浸蝕された地域を通っている。

　デカン高原の北部の岩盤に掘り抜かれた石窟の代表がエローラ石窟である。ここでは約3kmの「岩盤」に50余の窟院が残されている。今日では、それらの石窟の主要なもの34に対して通し番号がつけられている。またエローラ石窟では仏教窟、ヒンドゥー窟およびジャイナ窟がほぼ一列に並ぶが、インドを代表する三つの宗教の窟院が隣り合って並んでいることがエローラ石窟の特徴である。

　仏教窟院群の端とヒンドゥー窟院群のそれとは数mも離れてはいない。これは、当時、仏教とヒンドゥー教とが共存していたことを示すものであろう。仏教の窟院群の造営の時期がヒンドゥー窟のそれよりも若干早いと思われるが、エローラ石窟が寺院として機

能しなくなる11～12世紀までの数世紀間は仏教、ヒンドゥー教、ジャイナ教の石窟寺院はこの地で共存していたのである。この石窟寺院に参拝に来た人びとは、今日のカトマンドゥ盆地にみられるように、ヒンドゥー寺院にも仏教やジャイナ教の寺院にも参拝したであろう。

　アジャンタやプネーの近郊にある仏教窟カルラーなどの場合と同様、エローラ石窟では、宿泊室（宿房）も掘り抜かれている。寺院形式の窟院の回廊に沿って宿泊室が設けられている場合のほか、宿泊室のみがつくられていた石窟もある。どれほどの数の人びとが当時このエローラに滞在し、年間、いく人ほどの参拝者があったのだろうか。それらの人数に関する記録は今日残っていない。残された寺院本堂の規模や「宿泊室」の数から、当時この寺院で生活した人びと、また参拝に来た人びとのおおよその数を推定する以外に方法はない。

　エローラ石窟のうち、ヒンドゥー窟最大の**第16窟**は、間口約45m、高さ33m、奥行き80mの大きさである。この寺院は、他の窟院と異なって岩の山を上から掘り下げていったものである。この石窟の造営は8世紀中葉に始まったと考えられるが、これが完成するまでには100年以上の年月を要したであろう。かつては別の名称で呼ばれていたようであるが、今日では**カイラーサ・ナータ寺院**と呼ばれている。「カイラーサ山の主（ナータ）」つまりシヴァ神の寺の意味である。この寺の本堂のなかのもっとも奥まった部屋には、シヴァ神のシンボルであるリンガが祀られている。

　この本堂はいく人を収容することができたであろうか。カイラーサ・ナータ寺院でおこなわれていたもっとも重要な儀礼はこの本堂においておこなわれたに違いない。だが、かのリンガ堂の前の空間には数十から

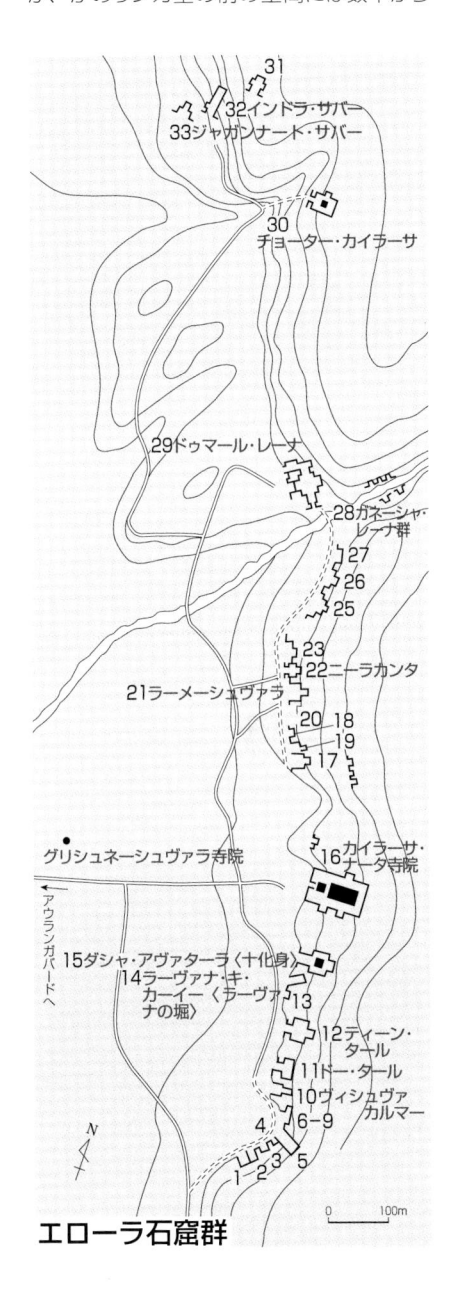

エローラ石窟群

カイラーサ山を揺さぶった魔神ラーヴァナに恵みを垂れるシヴァ、エローラ第16窟

ガルダ鳥に乗って象王を救うヴィシュヌ、エローラ第15窟

100人の僧や貴族しか参列することができなかったと思われる。本堂の外、第16窟の境内も、すべてを人が埋め尽くしたとして、せいぜい1000人ほどの人を収容することができる広さである。

　この第16窟が最大の窟院であり、他の窟院は規模がかなり小さい。比較的規模の大きな**第15窟**の2階の場合、左右の回廊に座ったとしてもおそらく全体で200〜300人ほどの収容能力である。もっとも重要な儀礼の際に寺院の内部に席を占めることのできる者はエリートたちであって、一般大衆は、儀礼のあいだは石窟の外に居たことであろう。第15窟、第16窟を別にすれば、窟院の内部は意外と小さい。それらの小さな窟院内部では、数多くの僧侶と王侯貴族などが参列するといった儀礼はおこなわれなかったと思われる。当時、例えばエローラにおいてどのような儀礼がどれほどの規模でな

されていたか、というような問題はこれから解明されていくであろう。

　仏教窟**第5窟**の中央には高さ約30㎝、幅約80㎝、長さ20余mの羊羹のような形の石壇、つまり机が2列並んでいる。僧たちがこの「机」の両側から向かい合って坐り、儀礼をおこなったり、講義を聴いたりしたと思われる。このような形式の机は、今日でもチベット仏教寺院に受け継がれている。この堂で儀礼をおこなったり勉学することのできた僧侶の数は100人から150人と考えられる。他の仏教窟院の本堂の規模は小さく、ヒンドゥー窟第16窟カイラーサ・ナータや第15窟に並ぶような大きさのものはない。比較的広い空間を有する仏教窟第10窟にしても、40〜50人を収容できるに留まるであろう。

　仏教窟にせよ、ヒンドゥー窟にせよ、重要な儀礼が執行されたり、大きな祭りがあった

ドゥルガー女神(写真左)とヴィシュヌの化身ヴァラーハ(野猪)、エローラ第14窟

りすれば、本堂に入りきらないほどの人びとが集まってきたことは確かだ。しかし、それらの人はどこに宿泊したのであろうか。窟院内部に設けられた「ベッドのある部屋」（宿房）は数が少ない。当時は、ここで人びとは野宿したであろう。それにしても寺院の管理や警備をする者たちの宿舎もあったはずである。おそらくそれらの宿舎は、木造であったと思われるが、今日ではその痕跡さえ確かめようがない。

　宿泊施設よりも問題なのは、ここで働いていた人びとや参拝に来た人びとの水と食料である。エローラ石窟群は小さな丘陵地帯の頂上につくられている。灌木が多く、あちこちに黒い岩肌がみえる土地ではあるが、水は豊富にあったと思われる。カイラーサ・ナータ寺院の入口手前の右側や他の窟院の入口近くには、今日、乾季であっても水をたたえている井戸がある。おそらく当時はさらに多くの井戸から水が湧き出ていたであろう。

　食料はどのようにして得たのか。エローラ石窟で働く者たちやここを訪れていた比丘たちの食料は、近くのエローラ村から運ばれたのであろう。しかし、これら石窟の寺院に働く者や滞在する者たちに毎日かかさず食物を運ぶには、大変な労力や財力が必要である。そのようなメンテナンスができなくなったとき、寺院は捨てられる。この地域はやがてイスラム教徒の支配下に置かれたが、1200年以降、イスラム教徒の攻撃によってインドにおける仏教教団は急激に勢力を失っていった。13世紀初頭インド亜大陸がイスラム教徒の政治的支配を受けるようになった時期と、エローラ石窟寺院を維持することができなくなった時期とはほぼ重なっている。

〈エローラ石窟のヒンドゥーの神々〉
　エローラ石窟の中核がつくられたのは7～9世紀と考えられる。この時期は、ヴェーダの宗教の伝統を受け継ぎ、仏教や地方の土着文化からも多くの要素を受け取った新しいバラモン中心主義がヒンドゥー教（ヒンドゥイズム）として確固たる勢力を得た時期であった。当時、ヒンドゥー教はそれまで優勢であった仏教を抑え、時代の指導的原理としての立場を確立しつつあった。イスラム教の侵攻もまだ激しいものではなく、インド史においてこの時期、ヒンドゥイズムはもっとも優勢であった。エローラのヒンドゥー石窟がほぼこの時期に造営されたという事実は、そのことを反映していると考えられる。

　「ヒンドゥイズム」とはインド主義というに等しいが、この呼び方が示すように、これは汎インド的伝統である。しかし、それは、すでに第I部で述べたように、いわば全国区的ともいうべき「大いなる伝統」に関していえることであり、それぞれの地域にみられる「小さな伝統」に関しては、地域ごとの伝統の理解が必要である。たしかに、エローラ石窟にみられるヒンドゥーの神々の種類および図像学的特徴はみごとなほど「大いなる伝統」を映しとっている。しかし、当時、エローラにおいてはこの地域の王侯や有力者の家系と結びついた宗教集団があり、それぞれの伝統に従った儀礼をおこなっていたと推定できる。

　エローラ・ヒンドゥー窟のそれぞれがどのような宗派に属していたかを知ることはおそらく不可能であろうが、いくつかの窟院の所属に関しては手がかりがある。例えば、

七母神(写真左)とバイラヴァ(写真中央)、エローラ第21窟

カイラーサ山頂におけるシヴァ(写真左)と妃パールヴァティー、エローラ第14窟

第21窟の入口正面にはシヴァ派の分派であるパーシュパタ派の祖ラクリーシャの浮彫りがある。彼は手に棍棒を持ち、座った姿で表現される。この窟院にはこの派の行者たちが住んでいたのであろう。第21窟の本堂に向かって右側にはシヴァ神、七母神およびガネーシャの浮彫りがあり、左側にはカーリダーサ著『王子の誕生』(→p.39)に述べられるパールヴァティーとシヴァとの結婚のいきさつが壁一面に表現されている。本殿にはシヴァ・リンガがある。パーシュパタ派の活動はかなり古くから始まっており、この窟院もエローラ・ヒンドゥー窟のなかではもっとも古い層に属し、6世紀中葉には造営が始められたと考えられる。

第14窟に関しても、今日残された彫像などからこの窟院の特徴をかなりはっきり知ることができる。この窟院は明らかにシャークタ派つまり女神崇拝派に属する。中尊の彫像はすでにないが、中尊がリンガではなかったことは、その像の基部がさしこまれていた穴の細長い四角形からわかる。この中尊の場合は、別につくった像をさしこんだのであって、巨大な岩から彫り起こしたものではない。

エローラのヒンドゥー窟のほとんどすべての中尊がリンガであることを考えるならば、この第14窟が他の窟院とは異なった性格のものであったことが推定できよう。中尊がおさめられていた奥殿の入口両側にはかなり大きな女神像がみられる。入口両側に女神像があれば必ず中尊が女神であるというわけではないが、エローラのヒンドゥー石窟群の本殿入口に女神像がみられるのはまれである。

さらにこの窟院の本殿の前に設けられていたホールの梁の1本には水牛の魔神を殺す女神(ドゥルガー)の浮彫りがある。これは、ホールにはいった参拝者が本殿に向かったとき、正面上方にみられるものである。こ

3 ウッジャインからエローラ、プネーへ 75

踊るシヴァ、エローラ第14窟

水牛を殺す女神ドゥルガー、本殿向かって右側の手前、エローラ第14窟

七母神（写真左）、ガネーシャおよびバイラヴァ、本殿向かって右奥、エローラ第14窟

の像の両脇には踊っている従者らしき者の浮彫りはみられるが、シヴァやヴィシュヌの浮彫りはない。

　この窟院の本殿に向かって左側の回廊には、手前（入口）から奥（本殿）への方向につぎの五つのパネルが順に並ぶ。
(1) 女神ドゥルガーが水牛の魔神を殺す場面
(2) ラクシュミー（吉祥天）が２頭の象より灌水される場面
(3) 野猪の姿を採ったヴィシュヌが大地の女神（プリティヴィー）を救った場面
(4) ヴィシュヌが２人の妃ラクシュミーとサラスヴァティーを伴う場面
(5) ナーラーヤナ（ヴィシュヌ）が妃ラクシュミーとともにいる場面

　女神ドゥルガー崇拝の聖典『女神の偉大さ（デーヴィー・マーハートミヤ）』は6、7世紀には成立しており、この頃にはドゥルガーは「大いなる伝統」の神々の仲間入りをしていた。エローラ第14窟におけるドゥルガー像もこうした状況を反映していると考えられる。なお、第14窟本殿向かって右側にも、入口に近くから本殿への方向に次のような五つのパネルが順に並ぶ。
(1) 女神ドゥルガーが水牛の魔神を殺す場面、
(2) カイラーサ山頂にてかけごとを楽しむシヴァと妃パールヴァティー（上部）。シヴァの乗物ナンディン牛を連れ去ろうとするパールヴァティーの侍女たちとそれを止めようとするガナ（シヴァのとりまき）たち（下部）。
(3) 踊るシヴァ。
(4) シヴァとその妃の住むカイラーサ山を魔神ラーヴァナが揺らす場面。
(5) シヴァが象の魔神（ガジャ・アスラ）を殺す場面。

　これらの右側の五つのパネルの第1は、左側の第1のパネルと同様、水牛を殺すドゥルガー女神を描いているが、このように入口にもっとも近い両側のパネルがドゥルガー女神を描いていること、さらには他のほとんどのパネルが女神を描いていることは、この窟院が女神崇拝と深く結びついていたことを示すのであろう。

　右側の五つのパネルの奥、本殿の右側には七母神の像が並ぶ。七母神とは古代においては森に住み、裸のまま高笑いをしているといった地母神たちの一群であったと考えられるが、おそらくはグプタ期に7人の母神それぞれが当時よく知られていた男神たちの妃と考えられるにいたった。台頭しつつあったヒンドゥー教が古代の地母神崇拝を自らのシステムのなかに組み込んだ結果である。七母神たちの像は、それぞれの「夫」がヒンドゥー教のパンテオンにおいて占める地位に従って並ぶ。つまり、ブラフマー、シヴァ、シヴァの息子スカンダ、ヴィシュヌ、ヴィシュヌの化身野猪、かつてのヴェーダの英雄神インドラ、死者の国の王ヤマという7人の男神の妃として右から、つまり向かって左端から並ぶのである。彼女たちはそれぞれ「夫」の持物と乗物を有する。

　エローラのヒンドゥー諸窟は、全体として一つの寺院として機能していたとは考えられない。それらの窟院は、それぞれの中尊を祀る奥院をもち、その前には儀礼あるいは参拝のための空間を有しており、それぞれが独立した寺院として設計されたように思われる。つまり、もろもろのヒンドゥー窟はそれぞれの派が競いあって独立に造堂したように思われる。

　一方、仏教の諸窟院（**第1～13窟**）は、同

時期につくられたものではないであろうが、全体としてまとまりのある構成をみせている。エローラのみではなく、仏教の窟院には、仏塔が礼拝対象とされている窟院があり、チャイトヤ堂と呼ばれる。この場合「チャイトヤ」とは仏塔を意味する。エローラ**第10窟**はチャイトヤ堂である。さらに、チャイトヤはないが仏像が並び、その前で「供物を捧げながら礼拝する儀礼」(プージャー、供養祭)がおこなわれていたと思われる小堂**第4窟**、講義や学習がおこなわれていた**第5、6窟**、主として比丘たちの宿房として用いられた**第1、3窟**など、それぞれの窟院に機能分担を受け持たせるようにデザインされていたと考えられる。

このような仏教窟とヒンドゥー窟との違いは、この二つの宗教における僧侶たちの生活の仕方の相違に基づくと思われる。つまり、仏教は基本的に僧院で集団生活する出家者つまり比丘たちが中心となっていた。一方、ヒンドゥー教には仏教教団が有していたような大僧院はなく、サンスクリットの学習や儀礼は基本的には家庭内でおこなわれていた。父や祖父が師であった。もっともエローラ第16窟のように数多くの礼拝堂や祠堂があるような寺院の場合には、ある程度の数の僧たちがそこに常住しなければならなかった。それは仏教僧院の場合と同様である。しかし、カイラーサ・ナータ寺院や第14窟のなかで多数の弟子を集めて授業がおこなわれたとは思えない。そのような空間はみあたらないのである。

13世紀初頭以降、イスラム教徒によるインドへの侵略は激しくなり、今日のダッカ近郊にあったヴィクラマシーラ僧院をはじめとしてもろもろの仏教僧院は焼かれ、多くの比丘、比丘尼が殺された。大乗仏教教団はたちまちにインド亜大陸から消滅した。13世紀初頭、デリーを首都とするイスラム王朝が成立し、これ以後19世紀中葉までインドはイスラム教徒の政治的支配を受けるのであるが、イスラム教はヒンドゥー教を亡ぼすことはなかった。ヒンドゥー教の伝統は主として家庭のなかで伝承されており、それをもイスラム教徒たちは禁止することはなかったからである。

〈エローラ村のヒンドゥー教〉

今日、インドには有名な「リンガ霊場」が12ある。そのうち五つがマハーラーシュトラ州にあるが、その一つがエローラ村にある**グリシュネーシュヴァル寺院**のリンガ霊場である。この霊場はカイラーサ・ナータ寺院から西へ徒歩で15分ほどのところにある。現在の本堂は200年ほど前のものといわれるが、11世紀頃からここはリンガ霊場として知られていた。現在は150㎝ほどの幅のヨーニの上に50㎝ほどの高さのリンガがあり、このリンガを参拝するために多くの人が訪れている。参拝者のなかには教師たちに連れられてバスで訪ねる学童たちもいる。

グリシュネーシュヴァルの小さなリンガ祠堂(どう)は人びとで埋まっていた。色彩やかなサリーを着た数人の女性以外は、上半身裸の男たちが折り重なるようにリンガを取り囲んでいる。サンスクリットの吟唱に交じって、時おり、「シヴァーヤ・ナマハ(シヴァに帰命)」の声がかけ声のように響く。このような礼拝がここで千年近くも続いてきたのである。イスラム教徒による政治的支配のもとでもこのリンガ霊場は守られてきた。

ダサラー祭、ココナッツを載せた壺を祭壇に捧げる、エローラ村

左の写真の祭壇部分、祭壇にはガウリー女神姉妹像が祀られている

　グリシュネーシュヴァル寺院を中心としたエローラ村にはヒンドゥー教の伝統が強く残っている。この村には2005年12月現在、「家のなかに聖なる火を保つバラモン僧(アグニ・ホートリン)」が住んでいると聞いた。つまり、ヴェーダ祭式の伝統を守る僧が今日なお生きているのである。この村ではヴェーダ祭式におけるもっとも基本的なホーマ儀礼である新月祭・満月祭もおこなわれるという。

〈ダサラー祭(十日目祭)〉

　秋の**ダサラー祭**もここでは盛大におこなわれる。多くの家庭では伝統に従って壺あるいは盆のなかに数種の穀物の種を播き、若芽を育て、その若芽を神に捧げている。この儀礼は雨期の明けた頃おこなわれるもので、通常、太陽暦の9月末から10月中旬に9夜10日かけておこなわれる。それゆえ「ナヴァ・ラートリ(九夜祭)」と呼ばれる。「十日目の日(ダサラー、マラティ語)」がクライマックスであるゆえにダサラーとも呼ばれる。

　この祭りの第1日目には、畑から採ってきた土に麦、米、レンティル豆、ジュワリ豆、バジュリ豆の種を深みのある金属製の盆に入れ、水を播く。その盆の上に水の入った壺を置き、その口の周りにつる草ベテルの葉を開花した蓮の花弁のように並べる。ベテルの葉でアレカ・ナッツの実と石灰を包んだものがインドでは食後の嗜好品として好まれ、「パーン」と呼ばれている。さらにそのベテルの葉の上にココナッツの実を乗せる。このような盆を家の壁の下に置き、壁の上方から多くの花を糸に通して1m以上の長さになったものを吊し、吊りさげられた花の列の端がちょうどココナッツの実あたりに届くようにする。このような「花の列」を毎日1本ずつ同じ箇所から吊し、花の列が扇形に開くようにする。

　10日間のうちに、かの穀物の芽は10〜15cmに育つが、その若芽の葉をそれぞれの家の祭壇に祀られた神に捧げるという。この儀礼は特定の神に対しておこなわれるものではなく、豊穣を祈っておこなわれる儀礼であって、インド、ネパールのほとんどの地でみられる。この「壺の設置(ガタ・スターパナ)」はインドやネパールに共通してみら

ダサラー祭第1日目、盆に土を入れ、種を蒔く、エローラ村

ダサラー祭第1日目、盆の上に壺を置き、その上につる草ベテルの葉を置く

れるのであるが、この祭りのあり方は各地方や各宗派によって異なる。

　ネパールのカトマンドゥ盆地ではこの祭りは「ダサイン」と呼ばれる。それぞれの家庭で壺あるいは盆のなかで若葉が育てられるのである。ネパールのヒンドゥー教徒のあいだで年間を通じてもっとも盛大に祝われるのはこの祭りである。役所や学校も連日休みとなり、盆地に働きに来ていた人びとは故郷へ帰る。パタン市の旧王宮などでは多数の水牛が犠牲となる。パタン王宮に祀られているのは女神タレジュであるが、この女神は水牛の魔神を殺す女神ドゥルガーと同一視されているゆえに、動物犠牲がおこなわれるのである。ちなみにエローラ村では、今日、動物犠牲は特殊な場合を除いておこなわれていないという。

ダサラー祭第1日目、ベテルの葉の上にココナッツを置き、天上から花環を吊す

プネー　Pune

〈プネーの町〉

　アウランガバードからほぼ西へ車で5、6時間の地点に**プネー**（旧名プーナ）がある。ムンバイからは東南の方向に車で3時間ほどの距離である。この地にはムガル王朝に抵抗したことで知られるマラータ国の都があった。この抵抗運動の先頭に立ったのがマラータ人の英雄シヴァージー（1627〜80）である。彼はアウラングゼーブに捉えられたが、逃亡に成功したのち、再びムガル軍と戦ったという。

　マラータ人が住民の大多数を占めるプネー市では、今日でもシヴァージーの人気は高く、シヴァージー・ナガルと彼の名前にちなんで呼ばれる町（ナガル）がある。彼は熱心なヒンドゥー教徒であり、ヒンドゥー教の聖者ラームダースに私淑していたと伝えられる。

プネー市、プネー西端のチャトゥフ・シュリンギー寺院の丘より

　プネーおよびムンバイを中心とする地域はマハーラーシュトラ州のなかでもサンスクリット文化が色濃く残っているところである。プネー市北端にはインドでもっとも古いカレッジ（大学）の一つ**デカン・カレッジ**があり、ここでは国家プロジェクトとして梵英辞典の編纂が続けられている。この市の西端にはサンスクリット学者 R. G. バンダルカルが建

チャトゥフ・シュリンギー寺院参道で供物を売る女性たち

3　ウッジャインからエローラ、プネーへ　81

てた**バンダルカル東洋学研究所**がある。ここにはマハトマ・ガンジー、ネルー首相、インディラ・ガンディー首相たちが訪れている。また、この研究所からは『マハーバーラタ』校訂本が出版されている。さらに**プネー大学**大学院にはサンスクリット学科のほかに**サンスクリット・センター**があり、数多くの教員と学生が研究に従事している。

プネーの市街地には巨大な寺院こそないが、多くのヒンドゥー教寺院が町全域に散在している。旧市街には**マンダイー**と呼ばれる青物市場があるが、ここには**トゥルシー・バーグ寺院**がある。「バーグ」とは園を意味する。トゥルシーとは、紫蘇の仲間の灌木(Ocimum sanctum)のことであるが、ヴィシュヌの化身クリシュナに追いかけられた娘がこの樹となったともいう。この寺の本堂では、クリシュナとアルジュナ王子との対話である『バガヴァッド・ギーター』(『ギーター』)を人びとが詠んでいるのが見受けられる。ここはクリシュナの寺なのである。一方、この寺院の奥殿にはラーマ王子、彼の弟ラクシュマナ、ラーマの妃シーターが祀られている。すでに述べたように、ラーマは後世、ヴィシュヌの化身と考えられた。

叙事詩『ラーマーヤナ』で活躍するラーマ王子のイメージは、『ギーター』のクリシュナのそれとはまったく異なっている。また『リグ・ヴェーダ』の讃歌に詠われるヴィシュヌのそれとも異なっている。このような相違は、しかし、ヒンドゥー教徒にとってラーマ、クリシュナおよびヴィシュヌが同一の神であると考える際の障碍とはならない。彼らは異なる神々の同一視をイメージの類似性などを遙かに超えた次元でおこなっているからである。

トゥルシー・バーグ寺院をはじめとしてプネーにはヴィシュヌを祀る寺院が数多く存在するが、プネー地区におけるヴィシュヌ崇拝は、ヴィッタル神への崇拝と密接に結びついている。この神は、元来、プネーから南東に約200kmの地にある**パンダルプール**の町を中心に崇拝されていたのであるが、時代とともにマハーラーシュトラ州やその南のカルナータカ州でも崇拝されるようになった。これらの地域においてヴィッタルはヴィシュヌと同一視されているのである。これは、ある地域のみに知られた「小さな伝統」と全インド的に知られた「大いなる伝統」とが統一された例と考えることができる。すなわち、ヴィッタル崇拝は全インド的ヴィシュヌ崇拝のなかに組み入れられており、この2つの伝統のあいだには抗争はみられない。しかし、「小さな伝統」と「大いなる伝統」とが抗争している場合もプネーにおいて存在するのである。

〈チャトゥフ・シュリンギー女神の寺〉

プネー市の西端の丘陵地帯には**チャトゥフ・シュリンギー女神を祀った寺**がある。この名称は、「4本(チャトゥフ)の角(シュリンガ)をもつ女神」を意味するといわれるが、「角」とは峯のことかもしれない。この寺の由来についてはつぎのような話が伝えられている。プネーから北に車で数時間のところにヒンドゥー教の聖地**ナーシク**があり、ここではサプタ・シュリンギー(7本の角をもつ女神)がよく知られている。プネーに住むある男がサプタ・シュリンギーを信仰しており、ナーシクへもいく度も出かけていた。その男は年老いて、ナーシクに行くことができないと悩んでいたところ、プネー市の西端の岩山

チャトゥフ・シュリンギー寺院　　女神チャトゥフ・シュリンギー像　　ダサラー祭、参拝に来た女性、チ
本堂奥殿、1979年　　　　　　　とバラモン僧、2003年　　　　　ャトゥフ・シュリンギー寺院

　にかの女神がチャトゥフ・シュリンギーとしてあらわれたという。

　チャトゥフ・シュリンギー女神の本尊は、岩肌で発見された自然石である。たしかに眼と鼻のある人間の顔のようにはみえる。この寺には約300年の歴史があり、バラモンの一族アンガル家が交代制で運営にあたっている。この30年のあいだにこの寺の建物は修復、整備され、参詣者の数も明らかに増えている。もっともこの30年のあいだにプネーにおけるほとんどのヒンドゥー教寺院は修復や増築をしており、この変化は「近年におけるヒンドゥー教の復興の結果である」と多くのインド人がいう。

　チャトゥフ・シュリンギー女神は、ヴィッタル崇拝と同様に「大いなる伝統」と「仲の良い」関係を保っており、この女神はシヴァの妃とも考えられている。したがって、この

ダサラー祭、手風琴に聴きいる人びと、チャトゥフ・シュリンギー寺院 　　ダサラー祭に集まった人びと、チャトゥフ・シュリンギー寺院

3　ウッジャインからエローラ、プネーへ

シヴァの妃パールヴァティー、女神チャトゥフ・シュリンギーと同一視されている

女神への参拝を待つ人びと、チャトゥフ・シュリンギー寺院

「黄金の葉（アプター）」を持って参拝する人、ダサラー祭第10日目

女神の寺にはバラモン階級の人びとも多く参拝に訪れる。だが、この寺院の本堂の外にはバラモン階級の人びとに「好かれていない」小さな伝統に属する神々も祀られている。例えば、水牛の魔神マソーバーを祀った社がある。この神のシンボルは通常、赤く塗られた石である。「大いなる伝統」において水牛は大女神ドゥルガーに殺される魔神であり、「良きもの」ではない。しかし、「小さな伝統」に属するマソーバー崇拝では水牛が「崇拝されるべき神」なのである。ここではわれわれは「大いなる伝統」と「仲の良くない小さな伝統」の例をみるのである。

マソーバーの社の近くには「大いなる伝統」と仲の良くない「小さな伝統」に属する**マリアイ女神の社**もみられる。この女神のシンボルは通常、赤く塗られた複数の丸い石である。この寺を訪れたバラモン階級の人びとはマソーバーやマリアイの社にはほとんど関心を示さない。しかし、これらの社に供物を捧げに来る人びとも多いのである。この寺の本殿に通じる階段では「大いなる伝統」に属する神と「大いなる伝統と仲の良くない小さな伝統」に属する神との両方が祀られているが、マソーバーやマリアイの社はチャトゥフ・シュリンギー寺院の

女神マリアイの社、チャトゥフ・シュリンギー寺院

本殿のなかにはない。

　秋の十日目祭（ダサラー）にはこの寺は昼も夜も人であふれる。人びとは丘の中腹にあるこの寺の本堂まで長い列をつくって参拝の順を待つ。岩肌に出現した女神の前でコ　コナッツの実、バナナ、花などを捧げた後、係りのバラモン僧からお下がり、つまり「女神からの恵み（プラサーダ）」としてココナッツの実のかけらとか、バナナなどをもらって丘を降りるのである。

ダサラー祭第10日目の夜の行列、チャトゥフ・シュリンギー寺院の丘からふもとのガネーシャの社まで

4　南インドのヒンドゥー教

〈南インドの歴史〉

　520年頃に北インドのグプタ朝が分裂を始め、急速に勢力を失うと、6世紀中葉、デカン地方にチャールキヤ朝が生まれた。この王朝には三つの系統があり、第1は今のカルナータカ州北部のバーダーミに都を置いた前期西チャールキヤ朝であり、8世紀中葉まで存続した。第2はデカン北部のラーシュトラクータ朝(753〜973)を倒した後期西チャールキヤ朝である。この王朝は、9世紀末タミル地方でパッラヴァ朝に代わって台頭したチョーラ朝との抗争に終始したが、12世紀末に滅亡した。この両者を併せて西チャールキヤ朝とも呼ぶ。

　第3は7世紀前半に東インドのアンドラ地方のヴェーンギーに都を置いた東チャールキヤ朝である。この王朝も先述のデカン北部のラーシュトラクータ朝と抗争を続けたのであるが、デカン南部を支配したチョーラ朝と婚姻関係を結び、1070年には東チャールキヤ朝の王がチョーラ朝の王位に就いている。13世紀後半チョーラ朝が亡ぶと東チャールキヤ朝も亡んだ。

　以上のようにグプタ朝崩壊後、インドがイスラム教徒の支配を受けるまでのデカン地方の歴史は、チャールキヤ王朝とこの王朝と抗争あるいは連帯の関係にあった北部のラーシュトラクータ朝、南部のパッラヴァ朝、チョーラ朝などの歴史とみることができる。

　14世紀中葉、1347年にはデカン地方に最初のイスラム系王国であるバフマニー朝(バフマン朝)が成立する。この王朝はデリーに拠点を置くトゥグルク王朝からデカンに派遣されていたトルコ系の太守が興したものであるが、1527年に亡んだ。

　このように14世紀以降はイスラム系王国がデカン地方を支配するのであるが、一方、14世紀以降南インドには強力なヒンドゥー王国が約300年間存続した。すなわち、バフマニー朝成立の少し前、1336年、ヒンドゥー系のヴィジャヤナガル王国が成立し、現在のカルナータカ州のヴィジャヤナガル(勝利の町)に都が定められた。今日「ヴィジャヤナガルの遺跡」と呼ばれる地域の一部がハンピである。その後、都は東南のペヌコンダ、さらにその東のチャンドラギリに移された。

　この王国は、当時デカン地方を支配していたバフマニー朝と覇を競いあったが、バフマニー朝衰退期に独立したムスリム五王国との「ターリコータの戦い」(1565)で敗北し、その後は国力を弱めて、1649年、バフマニー朝の後を継いだビージャプル王国に敗れ、滅亡した。

マハーバリプラム
Mahabalipuram

　南インドのパッラヴァ朝の史実が明らかとなるのは6世紀後半以降であるが、この王朝はカーンチー(現カーンチープラム)に首都を置いた。この首都の外港として栄えた町が**マハーバリプラム**である。神々を脅かしていた大(マハー)魔神バリが支配していた町(プラム)の意味であるといわれる。ヴィシュヌがその魔神を退治したと伝えられるが、か

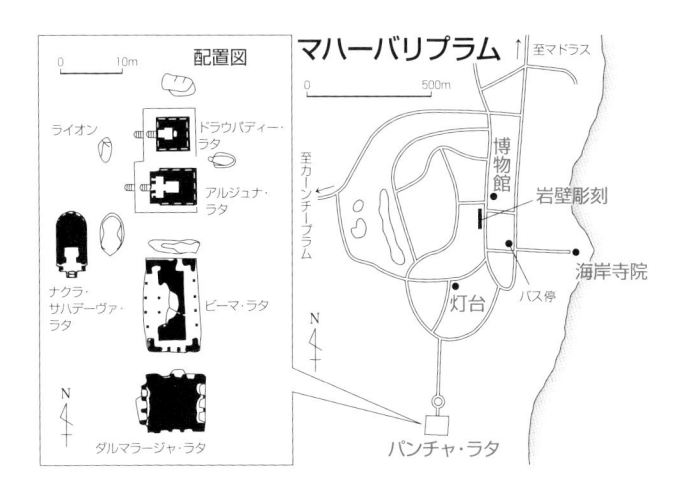

の魔神はおそらく土着の神であり、北インドの正統派ヒンドゥー教によって同化されたのであろう。

　マハーバリプラムはチェンナイの南約60kmの海岸にある。岸辺に建つ二つの海岸寺院(8世紀前半)はパッラヴァ朝の建築様式を伝えるものとして重要な遺跡である。プネー近郊のカルラー石窟、エローラやアジャンタの石窟群にみられるように、それまでは巨大な岩山の横を、あるいは真上から掘り抜いて寺院をつくったのであるが、8世紀頃になると切り出した石材の運搬が可能となり、望む場所に石積み寺院が造営されるようになった。そのような方法で建てられた最初期のものがこの**海岸寺院**である。当然、この寺院固有の名称もあったのであろうが、今日では不明である。寺院の内部に残る彫刻はかなり摩滅しているが、ブラフマー、ヴィシュヌ、シヴァの息子クマーラなどの浮彫りがみられる。

　海岸寺院から南西1km以内に「**パンチャ・ラタ(五つの山車)**」と呼ばれる五つの寺院がある。こちらは石積みではなく巨大な花崗岩から掘り出されており、その造営は7世紀後半と考えられる。五つの山車の主は、アルジュナ、ビーマ、ナクラ、サハデーヴァ、ドラウパディーなど『マハーバーラタ』の主要人物たちである。

海岸寺院、マハーバリプラム

4　南インドのヒンドゥー教

パンチャ・ラタ（五つの山車）、マハーバリプラム

　また海岸寺院から西に数百mも行かぬところには岩壁に彫られた巨大な浮彫り（横29m、縦13m）がある。「ガンガー（ガンジス河）降下」とも「アルジュナの苦行」ともいわれる。下半身が蛇のような姿がガンジス河をあらわすというが確かではない。

ガンガー降下の浮彫り、マハーバリプラム 　　ガンガー降下（左の写真の部分）

カーンチープラム
Kancipuram

カーンチープラムはすでに述べたようにパッラヴァ朝の都があったところで、チェンナイから南西に70kmの地点にある。カーンチーの町は紀元前の文法学者パタンジャリや400年頃の詩人カーリダーサも言及している。この町はヒンドゥー教徒の7巡礼地の一つとして数えられており、パッラヴァ朝に遡る歴史を有する寺院が残っている。

この町はシヴァ寺院を中心とする市北西部のシヴァ・カーンチーとヴィシュヌ寺院を中心とする市南西部のヴィシュヌ・カーンチーに分かれる。前者を代表する寺院は**エーカーンバレーシュヴァル寺院**である。

「エーカーンバラ」は「1本のマンゴーの樹」あるいは「1枚の布」と解釈されることがある。しかし、7世紀のサムバンダルの詩頌には「カムバムあるいはエーカンバムと呼ばれる河の岸にカーンチーの町が建てられた」とあるゆえに、「エーカーンバラ」とは河あるいは土地名であろう。寺院が発行したパンフレットには土地の神の名かもしれないとある。もっとも「エーカーンバラのイーシュヴァラ（神）」とはシヴァを意味している。

カーンチーでは女神はつねにシヴァあるいはヴィシュヌとともに祠られている。つまり、ここでは女神はシヴァあるいはヴィシュヌの妃として崇拝されているのである。シヴァあるいはヴィシュヌの崇拝が北インドから南下する以前は、南インド各地には土着の「村の神」が崇拝されていたが、北インドか

殺した水牛の首の上に立つドゥルガー、エーカーンバレーシュヴァル寺院、カーンチープラム

シヴァの畏怖相バイラヴァ、エーカーンバレーシュヴァル寺院、カーンチープラム

カパーレーシュヴァル寺院の塔門(ゴープラム)、チェンナイ

がさかんとなったが、この時期、新しい寺院も建築されていった。例えば、チェンナイの**カパーレーシュヴァル寺院**のドラヴィダ様式の塔門(ゴープラム)は100年ほど前に建てられたものである。

マドゥライ Madurai

〈ミーナークシー寺院〉

　タミルナードゥの州都チェンナイの南西470kmに、タミルナードゥ州第2の都市**マドゥライ**がある。この都市はインド南端に存在したパンディヤ王朝(前2世紀～後4世紀)の都として栄えて以来、2000年以上の歴史を有する。

　すでに述べたように16世紀中葉にヴィジャヤナガル王国がムスリム五王国との戦いに敗れると、南インド各地で豪族の独立があいついだ。マドゥライでは、ヒンドゥー系のマドゥライ・ナーヤカ王朝が独立し、18世紀までにこの地方をおさめた。

　この町を流れるバイパス河岸の近くに**ミーナークシー・スンダレーシュヴァラ寺院**があるが、この寺院がマドゥライのシンボルとなっている。「ミーナ(魚)のアクシー(眼をもつ女性)」とは、魚の形のような大きな眼をした女性を意味するという。また、魚の眼のようにまばたきをしない女性という説もある。神々はまばたきをしないと考えられている。「スンダラ(美しい)イーシュヴァ(神)」は、ここではシヴァを意味する。女神(妃)の名称とその夫シヴァの名称とを並べて寺院の名称とするのは珍しいことである。これは、この寺院あるいはこの地域において女神崇拝の勢力がシヴァ崇拝のそれに完全に呑み込まれてしまってはいないことを語っているの

らバラモン正統派の崇拝の勢力が南下すると、ほとんどが女神であった「村の神」たちはシヴァあるいはヴィシュヌと結婚したのである。

　エーカーンバレーシュヴァル寺院の中庭に1本のマンゴーの老木がある。この樹の下でこの土地の女神カーマークシー(愛の眼を有する女)とシヴァとが結婚したという。この老木の下には社があり、その社にはシヴァと妃カーマークシーの像がある。この像に対して毎日供養(プージャー)がおこなわれている。

　この寺院の起源は紀元数世紀に遡ると思われるが、今日残る主要な建造物はヴィジャヤナガル朝の時代のものである。この石積み寺院には540本の柱がある。19世紀後半からは全インド的にヒンドゥー教の復興運動

であろう。元来、北インドにおいて強い勢力を有していたシヴァ崇拝は、とくにグプタ朝崩壊後、南下し、ほとんどが女神である「村の神」との結婚という形で勢力を伸ばしていった(→p.18)。その際、「村の神」の崇拝者たちのシヴァ崇拝に対する抵抗も当然あったであろう。

ミーナークシー寺院は一辺約250m四方の囲繞壁で囲まれた境内を有するが、そのなかにミーナークシーのための神殿とスンダレーシュヴァラのための神殿との二つがある。両者は回廊や礼拝堂などでつながれており、一続きの屋根に覆われている。また境内のなかには「黄金の蓮」と呼ばれる巨大な沐浴場がある。

毎日、夕方近くになると、男神を祠った本殿から夫スンダレーシュヴァラつまりシヴァの像が神輿に載せられて妃ミーナークシーの神殿に向かう。翌朝、夫は自分の館にもどる。この儀礼はシヴァ崇拝が北方から南下してきたことを映していると考えられる。

ミーナークシー女神とシヴァとの結婚に関してはさまざまな伝承が伝えられている。その一つに第三の乳房をもった王女タダタガイの物語がある。マラヤドゥヴァジャ王とカンチャナマーラー妃に授けられた王女は第三の乳房をもっていたが、夫となるべき者と会ったときに、その乳房がなくなると予言されていた。成人となった王女がカイラーサ山に行ってシヴァに会うと第三の乳房が消えたという。シヴァはマドゥライに来て、タダタガイ王女と結婚して、マドゥライをおさめた。ほどなく息子であるムルガム(クマーラ)の化身ウグラ・パンドゥヤンが新しい王となった。そして、父王と妃はスンダレーシュヴァラとミーナークシーの聖なる姿を採ったと伝えられている。

この神話は、土着の神々がシヴァ崇拝のなかに組み入れられる過程を垣間見せてくれる。タダタガイがマドゥライの村の神そのものであったか否かは不明であるが、関係のある女神であったであろう。

「ミーナークシー」という名前の大学教員からつぎのような話を聞いたことがある。ミーナークシーとシヴァとの結婚式の準備が整い、人びとは新婦の兄が河を渡ってくるのを待っていた。その河は渡ることができるとしても年に一度しか機会がなく、その日にあわせて結婚式の準備をしていたのだった。しかし、河の水の流れが激しく、兄は来ることはできず、結婚式を挙げることができなかった。このようなことが数百回繰り返されてきたという。

この伝承は、マドゥライにおける女神崇拝がシヴァ崇拝のなかに完全に組み込まれてしまうのではなくて、ある程度の均衡を保っていると人びとが考えてきたことを語っている。ミーナークシー寺院では女神に対する人気がシヴァに対するそれを凌いでいる。また、先に述べたように、夫が妃のもとに毎日通わねばならぬことも、この町の女神ミーナークシーの優位性を語っていると思われる。

しかし、だからといってミーナークシー女神がタミルナードゥの土着的要素あるいは非アーリア系の要素を表面に強くおし出しているというわけではない。この女神はシヴァの妃パールヴァティーの化身として「大いなる伝統」に属する女神としての姿をみせている。このようにしてヒンドゥイズムは元来は非アーリア的文化であったものをアーリア

ミーナークシー寺院北門の祠堂、マドゥライ

的世界の中に呑み込み同化しているのである。

アナンタ蛇上のヴィシュヌ、バーダーミ

バーダーミとアイホーレ
Badami/Aihole

　現在のカルナータカ州の**バーダーミ**は、前期西チャールキヤ期(6世紀中葉〜8世紀中葉)の首都であった。ここには建築学および美術史の観点からも重要な遺跡が残されている。大きな池をはさむ南北の丘に遺跡が集中しており、南丘には**石窟群**、北丘には**石積み寺院**が残されている。ヒンドゥー石窟群第1〜第3は有名であるが、そこにみられる彫像の図像学的特徴はエローラ石窟のそれに近いものがある。

　バーダーミの近くに**アイホーレ**がある。ここはチャールキヤ朝の最初の都市であった。バーダーミと同じく、ここにもさまざまな様式や規模の寺院建築が残されている。**ラドゥカーン寺院**は、後世のムクテーシュヴァル

ドゥルガ寺院、アイホーレ

寺院(→p.64)のように本殿と拝殿を分け持たない最初期のヒンドゥー教石積み寺院の様式を示している。また馬蹄形のプランを有する**ドゥルガ寺院**は、石窟寺院から石積み寺院への移行を示していると考えられている。

カニャークマーリー
Kanyakumari

インド半島の南端に**カニャークマーリー**という名の小さな町がある。別称**コモリン岬**である。「クマーリー」を「コモリン」と呼んだのである。「カニャー」とは処女を、「クマーリー」とは王女を意味する。つまり、結婚していない王女のことである。これはおそらくインドの最南端にまではシヴァ崇拝の勢力も届かなかったために、あるいは「村の神」の抵抗にあったために、「王女(クマーリー)」は「処女(カニャー)」であり続けたのであろう。もっともこのこともこの名前がサンスクリットであることからもうかがうことができるように、このインド南端の「村の神」もサンスクリット化された文化、つまりアーリア系文化のなかで自らの地域の伝統を守ったのである。

カニャークマーリーの海岸で海に向かって立つと、左に黄土色がかったインド洋と右に青緑のアラビア海とが合わさっているのを見ることができる。途方もない規模の合流点なのである。この聖地には毎日多くの人が訪れており、海岸にある女神カニャークマーリーの寺院も参拝者でにぎわっている。

海岸の砂浜で老いた夫婦が遺灰と思われるものを海に流すべく1人の僧侶に簡単な儀礼をしてもらっていた。ヒンドゥイズムにおいては二つの河の合流点(サンガム)は聖なる場と考えられるが、ガンジス河とインド洋の合流点、例えばガンガーサーガルやこのカニャークマーリーのように二つの海の合わさったところも聖なる場と考えられている。

カニャークマーリー、コモリン岬

4 南インドのヒンドゥー教 93

5　ネパールにおけるヒンドゥー教

〈湖の伝説〉

　デリーから飛ぶにせよ、バンコクからにせよ、飛行機は標高約1200mのカトマンドゥ盆地(ネパール盆地)に降りたつ直前に3000m級の山脈の頂上を跳び越し、その直後一気に2000m近く降下せねばならない。東西25km、南北20kmのこの小さな盆地は周囲を3000m級の山々に囲まれているからだ。ネパールの国土はヒマーラヤ山脈の南腹にある。一般に「ヒマーラヤ山脈」と呼ばれているが、この山脈には襞があって、ほぼ平行に走る「大ヒマーラヤ」と「小ヒマーラヤ」の二つの山脈がその襞をつくっている。カトマンドゥ盆地は、その二つの山脈の谷間に位置する。南から飛んできた飛行機は小ヒマーラヤを越えて、この「谷間」に急降下するのである。

　「大ヒマーラヤ」の南斜面に位置する**カトマンドゥ盆地**は、かつて巨大な湖であったと伝えられている。盆地の南西にみられる山の切れ目は、盆地が湖であった頃、文殊菩薩が自身の剣で山を切り開いて湖の水を外に流した箇所であると伝えられている。

　この盆地は水の豊富な場所であり、土地も肥沃である。ネパールの総人口の約1割220〜230万人を、この小さな盆地が支えている。かつて盆地内ではいたるところに地下水が湧き出る泉があったという。街のなかの泉で人びとは飲料水を得るとともに、沐浴や洗濯をしていた。今日でもカトマンドゥ市に南接するパタン市の旧王宮広場の泉のように、水の湧き出る泉は数多く残っており、人びとはその泉で生活用水を得ている。

　その王宮から北に300mほど行くと**クン**

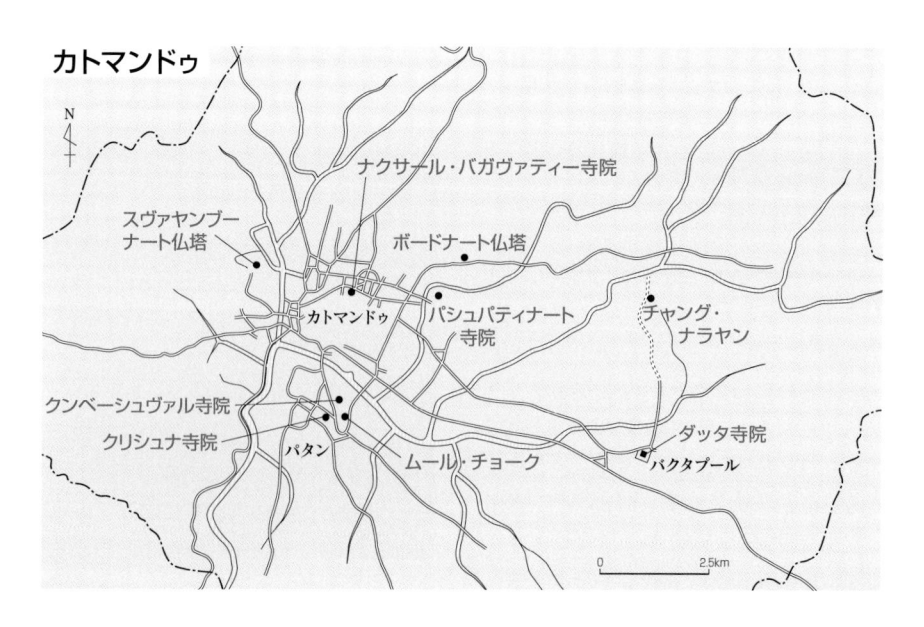

ベーシュヴァル寺院があるが、「クンバ」とは壺を、「イーシュヴァル」とは神を意味する。この寺院の境内では地中に埋められた壺から水が湧き出しているところから、「壺の神」という名称がついたといわれる。この壺の神はシヴァである。シヴァはヒンドゥー神話のなかで水のシンボリズムと深く結びついている。

この水に恵まれた肥沃なカトマンドゥ盆地がネパールの政治、経済、文化の中心となってきた。カトマンドゥ盆地に人びとが集中して住み始めて、すでに少なくとも1700年以上の時が経っている。この盆地からは2、3世紀のものと推定される、仏教およびヒンドゥー教の彫像が少なからず見つかっている。カトマンドゥ市から東へ10kmほどの地点にある小さな丘チャング・ナラヤンは、古いヴィシュヌ教寺院のあるところとして有名であるが、このあたりからは有史以前の考古学的資料が大量に発掘されている。

〈ネパール史の時代区分〉
　ネパールの歴史は次のように大きく五つの時代に区分できる。
(1) リッチャヴィ王朝以前の時代
(2) リッチャヴィ王朝時代（5世紀中葉～9世紀）
(3) マッラ王朝時代（9世紀末～1768）
(4) シャー王朝（ゴルカ王朝）時代（1769～2008）
(5) ネパール連邦民主主義共和国の時代
　　（2008～）

カトマンドゥ盆地ではいくつかの王朝が交代してきたが、それらはいずれもヒンドゥー系の王朝であった。5世紀中葉にはガンジス平原から移り住んだインド系民族が盆地にリッチャヴィ王朝を建てていたと推定される。盆地の先住民がどのような民族であったのかは明らかではないが、非アーリア系であったらしい。

リッチャヴィ王朝が衰退したのち、9、10世紀にかけて同じくインド系のデーヴァ王族が盆地を支配し始め、続いてデーヴァ王族とマッラ王族の王位交代制の時代が訪れる。スティティ・マッラ王（在位1382～95頃）はこの王位交代制を終結させ、マッラ王朝を確立させた。この王はマッラ王朝の守護神として女神タレジュを祀ることを命じた。1482年、マッラ王朝はカトマンドゥ、パタン、バクタプールの三都王国に分裂した。

直径20kmあまりのカトマンドゥ盆地のなかで三都王国は政治的には互いに抗争を続けたのであるが、その間、盆地内の産業、交易、学芸、建築などはさかんになった。とくにチベットとの交易には三王国ともに力を注いだ。カトマンドゥの旧王宮から北東に向かう道路が残っているが、これはチベットとの交易路のあとである。サンスクリットの学習や写本の書写もさかんにおこなわれた。今日、盆地に残っている仏教やヒンドゥー教の寺院建築の多くがこの三国時代に建てられたものである。

18世紀後半、ガンダキ地方のヒンドゥー系の小王国ゴルカのプリティヴィナラヤン・シャー王（在位1742～55）は国力を蓄え、1768年にカトマンドゥ、パタンを、翌69年にバクタプールを占領した。シャー王朝（ゴルカ王朝）の出現である。この王国は領土を拡張し続け、18世紀末にはほぼ現ネパール王国の国土を獲得した。2006年春以降、シャー王朝の実権はほとんどなくなった。08年春にはネパールが共和制国家となることが決定された。

〈盆地のヒンドゥー寺院〉

　カトマンドゥ盆地は、ヴァーラーナシーやパトナなどのヒンドゥー正統派の拠点からは遠く離れ、さらにいわゆるインド亜大陸とは小ヒマーラヤ山脈によって隔てられているにもかかわらず、ヒンドゥー教の「大いなる伝統」を今日もなお多分に残している。またネパールの南部の低地および中部の高原地帯に住む人びとのほとんどはヒンドゥー教徒である。しかし、盆地以外のそれらの地域のヒンドゥー教は、カトマンドゥ盆地においてみられるような高度に洗練された文化形態を有していない。

カトマンドゥ Kathmandu

〈パシュパティナート寺院〉

　盆地には大規模なヒンドゥー教寺院が多数あり、主要な祭りにはおびただしい数の人が集まってくる。盆地のなかのヒンドゥー教寺院の代表は、**パシュパティナート寺院**であろう。「パシュ」とは文字通りには家畜のことであるが、ここでは生類(しょうるい)を意味する。「パティ」とは主を意味し、「ナート」とは尊称の印として名称の末尾につけられる語で、「尊師、様」を意味する。ようするに「パシュパティナート」とはシヴァのことである。バグマティ河の岸に建てられたこの寺院の本堂のリンガは有名である。つまり、この寺院はシヴァ教に属する。本堂の対岸にある山を10分ほど登ると小さな台地があり、そこには、100をくだらない数のリンガ祠堂が建てられている。盆地におけるシヴァ教寺院の「**本尊**」はほとんどの場合リンガであり、街角にみられるリンガは教えることができないほど多い。

　春(3月下旬あるいは4月初旬)におこなわれる**シヴァ・ラートリ**(シヴァの夜)の祭りには各地からサードゥつまり遊行者たちがパシュパティナート寺院に集まってくる。本堂の対岸にある宿泊所は身体に灰をなすりつけ、手にシヴァ神のシンボルである三叉戟(さんさげき)を持った行者たちであふれる。寺院の境内およびその周辺には万を超える人が押し寄せる。人びとは本堂のシヴァ・リンガに参拝して帰っていくのである。

　このシヴァ・ラートリの日、カトマンドゥ市に南接するパタン市にはかつての**パタン王宮**の建造物が残っているが、その一つである**ムール・チョーク**(根本回廊寺院)の境内で水牛がいく頭も捧げられる。杭(ユーパ)に鼻先を縄で結びつけ、内側に湾曲した刃を有する巨大な刀を振り上げたまま、水牛の動

パシュパティナート寺院正面入口、カトマンドゥ

パシュパティナート寺院のガートに集まった人びと

ハリハラ、ヴィシュヌ(ハリ=左半身)とシヴァ(ハラ=右半身)の合体像、クンベーシュヴァル寺院

パシュパティナート寺院、カトマンドゥ

カトマンドゥ旧王宮のなかのタレジュ寺院

ドゥルガー女神を祀るナクサール・バガヴァティー寺院、カトマンドゥ

ドゥルガー女神へのプージャー(供養)、ナクサール・バガヴァティー寺院

きが止まるのを待つ。杭の近くに置かれた冬瓜を二つに割って刀に湿り気を与えたのち、刀が降り下ろされると水牛の首は一瞬にして落ちてしまう。秋(9月下旬あるいは10月)におこなわれるネパールのヒンドゥー教最大の祭りである**ダサイン**(→p.80)においては、シヴァ・ラートリ祭におけるよりもはるかに大規模に山羊、水牛などの動物犠牲がおこなわれる。

パタン Patan

〈ムール・チョーク〉

　パタン旧王宮の**ムール・チョーク**も女神タレジュを祀った寺院のひとつである。タレジュは、マッラ朝の守護神である。カトマンドゥ、パタン、バクタプールにそれぞれマッラ朝の王国があった三国時代には、

それぞれの王宮にタレジュが祀られていた。マッラ朝のあとのシャー王朝も、このタレジュ崇拝の伝統を守っていた。女神タレジュは元来はインド、マハーラーシュトラ州南部の町**トゥルザープル**のいわゆる「村の神(グラーマ・デーヴァター)」(→p.18)であった。「トゥルザー」が訛って「タレジュ」となったのである。マッラ朝の子孫たちはマハーラーシュトラの地からカトマンドゥの地に移り住んだのちも、かつての自分たちの宗教的伝統を守ったのである。

タレジュのほかにもマッラ朝の先祖が彼ら

シヴァ・リンガへの崇拝、クンベーシュヴァル寺院、パタン

香に手をかざす信徒たち、クンベーシュヴァル寺院

バグラームキー女神への参拝、クンベーシュヴァル寺院

5　ネパールにおけるヒンドゥー教

の故郷から「運んだ」神がいる。アトリ仙人の息子ダッタ・アートレーヤ、あるいは単にダッタである。バクタプールにおける主要な寺院の一つとしてダッタ寺院があり、この寺院の祭りには赤いサリーを着た何千もの女性たちが参拝に訪れる。もっとも今日、盆地ではダッタはシヴァと同一視されている。

カトマンドゥ、パタン、バクタプールそれぞれの旧王宮に残る**タレジュ寺院**にはタレジュ女神の像といわれるものがある。しかし、それらはドゥルガー、カーリーあるいはチャームンダーの像である。つまり、タレジュは「大いなる伝統」に属する大女神ドゥルガーなどと同一視されているのである。このことによって、マッラ王朝以来のタレジュ崇拝はヒンドゥー教の有する全インド的「文化の天蓋」にはいることができるようになった。シヴァ・ラートリの祭りの日、パタン旧王宮ムール・チョークで水牛が犠牲にされたのは、ドゥルガーでもありカーリーでもあるタレジュ女神に捧げるためであった。

〈クリシュナ寺院〉

ムール・チョークのはす向かいにインド的石積み様式を有する**クリシュナ寺院**がある。7、8月のクリシュナ神の誕生日（クリシュナ・ジャヤンティ）の祭りの日には、着飾った赤いサリーの女性たちが、供物を載せた盆を手に途方もなく長い行列をつくる。赤いサリーの女性たちは、「その日はクリシュナ神の妻となる」のである。

マッラ王朝では、そしてシャー王朝にあっても、王はヴィシュヌの化身と考えられていた。東南アジア諸国の王たちは、自らをシヴァあるいはヴィシュヌの化身であると宣言

シヴァの畏怖相であるバイラブ（バイラヴァ）に礼拝する男性、パタン

してシヴァ・リンガの上部に自分の顔を彫り込むこともあったが、カトマンドゥ盆地においては、王の顔を彫り込んだリンガは見つかっていない。しかし、ヴィシュヌの天上の園ヴリンダーヴァンを模した沐浴場がパタンのムール・チョークの隣りの**スンダリ・チョーク**に設けられている。これはパタン王とヴィシュヌとの結びつきを物語っている。

カトマンドゥ盆地においては、インドの各地方におけると同様、ブラフマー神を中心とする崇拝形態はみられない。一方で、ブラフマー、ヴィシュヌ、シヴァが本来は一体であるといういわゆる三位一体の思想は明確にみられる。カトマンドゥ盆地では、シヴァ崇拝、ヴィシュヌ崇拝および女神崇拝がヒンドゥー教の勢力を三分しているが、第三の女神崇拝は多くの場合、シヴァ崇拝と結びついている。

6　東南アジア諸国のヒンドゥー教

〈東南アジアにおけるヒンドゥー教〉

　今日のベトナム、ラオス、カンボジア、タイ、ミャンマーがあるインドシナ半島にはかつてヒンドゥー文化の影響を強く受けた国がさかえていた。また、ジャワ島やバリ島にもヒンドゥー教は伝播した。このように、ヒンドゥー教は過去において、東南アジアのほとんどの地域においても大きな勢力を有していたのである。

　インドシナ半島には北から南に向かって3本の大きな河が流れている。それらは東から西に向かって順にカンボジアとベトナムを流れるメコン河、タイを流れるチャオプラヤ河（メナム河）、ミャンマーを流れるイラワジ河である。インドシナ半島においてヒンドゥー教の影響を強く受けたかの国々は、これらの三つの河のデルタ地帯にあった。その時期はかなり早く、2世紀頃にはすでにメコンデルタにヒンドゥー文化の影響を強く受けてインド化された文化圏が存在していたのである。

　今日のインドシナではテーラヴァーダ仏教（上座仏教）が流布しているが、それは13、14世紀以後のことである。それまでは、タイ、カンボジア、さらにはバリにおいても大乗仏教およびヒンドゥー教が勢力を保っていた。インド亜大陸が約1200年以降、イスラム教徒の政治的支配を受けるようになり、インド大乗仏教も急速に力を失うと、インドシナにおけるヒンドゥー教および大乗仏教も急速に消滅していった。

　12、13世紀において、インドシナ半島において大乗仏教とヒンドゥー教がどのような関係にあったかは明らかではないが、この時期の大乗仏教はヒンドゥー教に多くを依存して生き残っていたのではないかと思われる。それゆえに、ヒンドゥー教が力を失うと大乗仏教も急速に衰えていったのであろう。今日のインドネシア、マレーシアなどを除いて、インドシナではヒンドゥー教あるいは大乗仏教にかわってテーラヴァーダ仏教が勢力をもつようになり、今日にいたっている。

ベトナム

〈ベトナムの歴史〉

　インドシナ半島の諸国の歴史は、程度の差はあるものの、インド文明と中国文明と

東南アジア

- マンダレイ
- バガン
- ミャンマー
- ハノイ
- ラオス
- ヴィエンチャン
- スコータイ
- ラングーン
- タイ
- フエ
- ダナン
- ミソン遺跡
- アユタヤ
- バンコク
- シェムリアップ
- アンコール遺跡
- ベトナム
- カンボジア
- ニャチャン遺跡
- ホーチミン
- オケオ遺跡
- マレーシア
- シンガポール
- スマトラ
- ボルネオ
- インドネシア
- ジャカルタ
- ジャワ
- ディエン高原
- ボロブドゥール遺跡
- バリ
- デンパサール

の影響のもとにあった。そもそも「インドシナ（インド的シナ）」という名称そのものが、この地域の文化の特質を語っている。しかし、インドシナが中国とインドという二大文明が交差する場にすぎずインドシナ独自の文化は存在しないというわけではない。インドシナは、かの二つの巨大な文明の影響下にありながらも独自の文化形態を形成してきた。それは、ヒマーラヤ地方におけるチベット・ビルマ語系民族が、インドおよび中国の文明から多大な影響を受けながらも、「チベット・ビルマ語系文明」と呼ぶことのできる独自の文明圏を築いてきたのと同様である。

インド文明および中国文明という二大文明からの影響を受けながらも独自の文化圏をつくりあげたインドシナ諸国の典型はベトナムである。インドシナ半島の東から南にいたる海岸線を独り占めにしているような国がベトナム（ベトナム社会主義共和国）である。その南北に細長い国土は日本の国土の約88％にあたる。この国は地理的あるいは行政的に北部、中部、および南部に区分されるが、この3区分は言語、文化、宗教などの観点からも適切である。

北部は紀元前から中国文化の影響を受け続け、今日でもこの地方の建築などには中国文化の要素が強く残っている。秦の始皇帝はベトナム北部まで勢力を拡大させたのである。ベトナムの地にヒンドゥー文化が栄えたのは中部および南部においてであり、2世紀にはベトナム中部のチャム人がチャンパ王国を建てた。15世紀初頭に黎朝（れいちょう）が成立し、チャンパ王国を亡ぼしている。これ以後ベトナムにヒンドゥー王国は存在しなかったが、今日でもチャンパ王国の伝統を受け継ぐヒンドゥー教徒がわずかではあるがベトナムに存在する。

〈ベトナムのヒンドゥー教〉

ベトナム中部のダナン市の近くに**ミソン遺跡**がある。ここには8〜13世紀に幾多のヒ

チャム王の顔を有するシヴァ、ミソン遺跡、ベトナム

ヴィシュヌ、オケオ遺跡出土、ホーチミン博物館蔵、ベトナム

ガネーシャ、ミソン遺跡、ベトナム

6　東南アジア諸国のヒンドゥー教

リンガ・ヨーニ、カティエン遺跡、ベトナム

踊るシヴァ、ミソン遺跡、ベトナム

ンドゥー教の寺院が建てられた。もっともヒンドゥー教が主要な伝統ではあったが、ここでは仏教および土着崇拝の勢力もあり、三者が混在していたと考えられる。ミソン遺跡に存在する寺院の多くは破壊されたり崩落したりしているが、シヴァのシンボルであるリンガは数多く残っている。

またこの遺跡からは、チャム王とシヴァ神の合体像が見つかっている。これはこの地における王が神と同一視されたことを意味している。ある国の王とヒンドゥー教の主要神とが同一視されて、合体像がつくられるというようなことは、インドにはまずないことである。というのは、インドにおいて宗教的霊威はバラモン僧たちに存するのであって、王には存在しないからである。バラモン僧たちも自らを神であると宣言することは例外的ケースを除いてはなかった。まして第二の階級である王たちが自らを神であると宣言することをバラモン僧たちが許すはずもなかったのである。

ドゥルガー女神と一体となった地母神、ボー・ナガル寺院、ニャチャン遺跡、ベトナム

ベトナムにおけるヒンドゥー教にあっては、バラモン僧たちの勢力はインドと較べるならばはるかに小さかった。したがって、王たち

は自分たちと神とが同一であることを国民たちに知らしめるために先ほど述べたような合体像をつくることができたのであった。

　ミソン遺跡から出土したヒンドゥーの神々の彫像をみるかぎり、この地域のヒンドゥー教のパンテオンはインドにおける「大いなる伝統」のパンテオンとほぼ同一のメンバーを有していたと考えられる。ミソンにおけるそれぞれの神にはベトナム特有の図像学的特徴がないわけではないが、ミソンのヴィシュヌやガネーシャの像はインドから直接伝えられた特徴がほとんど変わることなく保持されていたことを語っている。日本に残るヒンドゥー教起源の神々の彫像、例えば、梵天、帝釈天、弁財天などの彫像と較べるならば、ミソン遺跡のヒンドゥー教の神々はインドの造形の図像学的特徴をより多く保っている。

カンボジア

〈メコン河とカンボジア〉

　チベット高原東部に水源をもつメコン河は、インドシナ山系を縦断してラオスにはいり、さらにタイとカンボジアの国境を南下し、カンボジア平原およびベトナムのメコンデルタを貫通して南シナ海に注ぐ。このようにメコン河がカンボジアの国土を潤しているため、この国のほとんどは平原であり、山間部はきわめて少ない。つまり、降った雨を蓄えておくことのできる土地が少ないのである。アンコール遺跡の近くにはトンレサップ湖があるが、この湖は、雨季にはカンボジア平原に降った雨水を集めて世界第二の大きさを有するようになるが、乾季にはその水量は激減する。このように、カンボジアでは年間を通じ安定して水を確保することは難しい問題である。アンコール王朝の王たちの主要な関心事は、どのように水を蓄えるか、さらにはほとんど勾配のない平野につくられた田畑をいかに灌漑するかということであったと推測される。

〈カンボジアとヒンドゥー教〉

　カンボジアの歴史は、初期、中期、後期の3期に分けることができる。初期は、メコン河下流域を支配した扶南(1〜7世紀)の時代および「前アンコール時代」をいう。「前アンコール時代」とは、紀元484年にジャヤヴァルマンが王位に就いて以降、扶南を吸収合併したクメール真臘が8世紀はじめに「北の陸カンボジア」と「南の水カンボジア」に分裂したのち、8世紀の終わりまでの時代である。中期とは、802年にジャヤヴァルマン2世が登位してから、1431年のアンコール王朝陥落までの「アンコール時代」をいう。後期とは、アンコール王朝陥落以降、現在までをさしている。

　5、6世紀の扶南の支配者たちはシヴァ教徒であったと考えられている。また、前アンコール時代の歴代の王たちはサンスクリット名で呼ばれていたが、このことは前アンコ

キールティムカの瓦頭、アンコール・ワット、カンボジア

ール朝の文化がインド文化の影響を受けていたことを示している。前アンコール時代のシヴァ・リンガが残されており、7、8世紀までにはヴィシュヌ、ドゥルガー、ガネーシャなどのヒンドゥー教の主要な神々の彫像がつくられていた。

〈アンコール王朝〉

879年、アンコール王朝第3代インドラヴァルマン1世(在位877〜889)は、ジャヤヴァルマン2世(在位802〜850)および先祖たちの彫像をおさめるためにレンガ造りの六つの塔を建て、さらに881年、自分自身の名にちなんだ「王のリンガ」を建てた。インドラヴァルマン1世の子ヤショーヴァルダーナもまた、893年、両親の像をおさめるためにロレイ寺院に四つの塔を建て、新しくつくった都の丘には「王のリンガ」ヤショーダレーシュヴァラ寺院を建てた。

このような祖先崇拝および神王崇拝(神と王との一体視)の重視はアンコール王朝の歴代の王たちに認められる。このような傾向は、すでに述べたようにベトナムのヒンドゥー教の場合にもみられたのであるが、さらにジャワ、バリなどを含む東南アジア諸地域においてみられたのである。もっともカンボジアの王たちの戴冠式を執り行ったのは王師としてのバラモンたちであったことは忘れられてはならない。東南アジアにおけるバラモンたちの勢力はインドにおけるほどでは

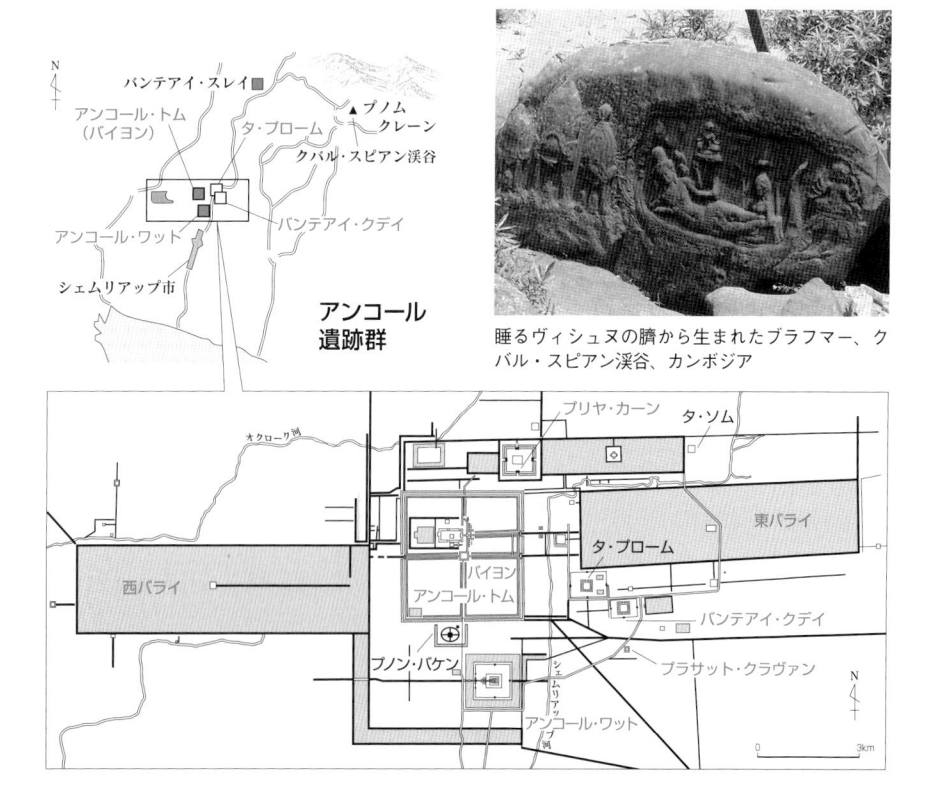

睡るヴィシュヌの臍から生まれたブラフマー、クバル・スピアン渓谷、カンボジア

魔神ラーヴァナにさらわれるシーター妃、バンテアイ・スレイ、カンボジア

シヴァに矢を射ようとする愛の神カーマ、バンテアイ・スレイ

なかったが、王の即位式を執り行うほどには権威を与えられていたのである。

〈アンコール王たちの廟〉

　タイのバンコクから東に約350km行くとシェムリアップ市に着く。この市の郊外にアンコール・ワット、アンコール・トム、プリヤ・カーンなど主要なアンコール遺跡がある。これらの遺跡のなかでもっとも有名なものは**アンコール・ワット**であろう。この建造物は、周囲5.5km、幅200mの環濠に沿う外郭の四角い第4回廊に囲まれている。一辺が約200mの本殿の第3回廊の壁には、『マハーバーラタ』の戦闘場面やこの寺院の建造者スールヤヴァルマン2世（12世紀前半）の姿が描かれている。この本殿は3重の回廊、すなわち第3回廊から第1回廊に囲まれたピラミッド状の建造物であり、もっとも高所にある第1回廊の四隅それぞれには尖塔が設けられている。この第3回廊の中央には地上から60m余の尖塔がある。これらの尖塔のなかには小さな堂があり、今日ではブッダ像が祀られているが、かつてはヴィシュヌ像が祀られていたであろう。アンコール・ワットはヴィシュヌを祀る寺院であったからだ。

　本殿の頂上に至るためには30度以上はあろうかと思われる階段を登ることになる。降りる際には、階段の左右につけられた鎖を掴んで降りなければならない。人が頂上に行くのを拒んでいるかのようである。また、頂上では、四隅から中央の尖塔には渡り廊下で行くように設計されているため、大がかりな儀式をおこなうことのできるような空間はない。かの本殿は多くの参列者を集めて儀礼などをおこなうための堂ではないと思われる。ようするに、アンコール・ワットは、王の廟なのである。

6　東南アジア諸国のヒンドゥー教

アンコール朝の王たちはそれぞれの廟や父母の廟をつくり、先王の都城を受け継ぐよりも自分の新しい都城をつくろうとした。ジャヤヴァルマン7世(在位1181～1218頃)は、1186年、母の菩提寺として**タ・プローム**を、91年、父の菩提寺として**プリヤ・カーン**をつくり、さらに新しい都城**アンコール・トム**を造営した。この新しい都の中心が自身の廟である**バイヨン**である。バイヨンにも大掛かりな儀礼をおこないうるようなスペースはない。

13世紀にアンコール朝は勢力を失い、14世紀中葉にはシャム(タイ)軍が第1回目のアンコール都城攻略に成功している。その後、15世紀前半にアンコール王朝は陥落した。アンコール王朝が崩壊すると、カンボジアではヒンドゥー教は勢力を失っていった。

ガルダ鳥に乗るヴィシュヌ、プラサット・クラヴァン、カンボジア

乳海の攪拌、アンコール・ワット、カンボジア

タイ

〈タイの歴史〉

　紀元前後に、漢民族の進出によってタイなどの部族がインドシナ半島を南下した。その後、8～9世紀に栄えた南詔（なんしょう）国の滅亡後、937年、タイ族の段氏の大理（だいり）国がおこった。しかし、大理国は13世紀、元朝によって併合された。元朝の進出によってタイ族は南下せざるをえなくなった。そのため、タイ族はアンコール王朝のジャヤヴァルマン7世が没すると、スコータイを攻略し、1250年、スコータイ王朝を建てた。この王朝は第3代ラームカムヘーン王の時代に黄金期を迎え、タイ文字を定め、中国との交易をさかんにおこなった。1350年には、ラーマボーディ王によってアユタヤ王朝が建てられ、この王朝は1767年まで続いた。

〈バンコクのヒンドゥー教〉

　タイの首都バンコクにはヒンドゥー教寺院がないわけではない。しかし、これらの寺院はバンコクに住んでいるインド人たちが参拝に来るためのものであって、タイ人の信者たちのためのものではない。一方、タイ人たちが訪れる仏教寺院にヒンドゥー教のさまざまな神々が祀られていることは一般的である。それらのヒンドゥー教の神々のなかで、もっともよく知られているのはブラフマーである。

　バンコク市の中央あたりにエラワン・ホテルがある。このホテルのすぐ近くに「**エラワンの社**」がある。ここには僧侶あるいは祭司が常駐する寺院があるわけではなく、4m四方ほどの敷地に小さなブラフマー神を祀る社が建てられているにすぎない。しかし、この社は有名であり、交通の便の良さもあ

ブラフマーの社、大蘭大酒店屋上、中華街、バンコク

ブラフマーに捧げられる舞、エラワン・ホテル近く、バンコク

6　東南アジア諸国のヒンドゥー教　109

ヴィシュヌ、プラ・マハ・タート寺院蔵、
チェンシー・タマラート県、タイ

ってか、大勢の人びとが参拝に訪れ、さまざまな供物を捧げている。またブラフマーの像の前ではいく人かのダンサーたちによってタイ式の舞踊が踊られている。

　この社は、エラワン・ホテルが建設されるとき、不幸な事件がいく度も重なったために占星術師の進言によって工事の無事完成を祈って建てられたといわれるが、今日では市内の小さな霊場として運営されている。

　「エラワン」とは、サンスクリットで「アイラーヴァタ」つまりインドラ神の乗り物である象の名前である。エラワン・ホテルの工事の完成を祈ってインドラではなくブラフマーの社が建てられた理由は不明である。おそらくはタイではブラフマーへの崇拝が広まっているためであったろう。4面のブラフマーの像を四方の開いた社におさめて祀ることはバンコクにおいてはしばしばみられる。シヴァのリンガもみられないわけではなく、ヴィシュヌの化身した亀の上で神たちと魔人たちがマンダラ山に蛇を巻きつけて乳海を攪拌した神話などが仏教寺院の境内に描かれていることもある。しかし、ブラフマーは仏教神話においてはブッダの守護者あるいは侍者と考えられており、バンコクにおいてはシヴァやヴィシュヌにたいする崇拝よりもブラフマーの人気のほうがはるかに高いと思われる。

　ベトナムやカンボジアと較べ、タイ（シャム）国においてヒンドゥー教はそれほど大きな勢力をもたなかった。しかし、この国の文化がヒンドゥー教の影響をまったく受けていないわけではない。そのことは、アユタヤ王朝の初代の王のみならず、現在のチャークリー王朝の初代ラーマ1世から今日のラーマ9世プーミポン王にいたるまで、「ラーマ」というヒンドゥー的名称を有していることからもうかがうことができる。またタイは仏教国として知られているが、タイ王室には王師（帝師）としてのバラモン僧が任命されているといわれる。

叙事詩『ラーマキェン（ラーマーヤナ）』に語られる戦闘場面、タイ王宮回廊、バンコク

バリ　Bali

〈聖なる水の教え〉

　インドネシアのジャワ島の東端から数km離れてバリ島がある。当然、バリ島の西海岸から**ジャワ島**を見ることができる。この島の面積は約5363平方km、人口は330〜340万人といわれる。その人口の8割強はヒンドゥー教徒であるが、このようにヒンドゥー教が強く残っているのは、インドネシアのなかで**バリ島**のみである。

　バリのヒンドゥー教はジャワ島のヒンドゥー教徒によってもたらされたのであるが、7、8世紀のあいだにバリの土着的文化と結びついてインドにおけるヒンドゥー教とはかなり異なった形態を有するヒンドゥー教が生まれた。もっともバリ島住民のなかにはイスラム教徒、ヒンドゥー教徒、そして仏教徒でもない人びともみられる。島の東端部などにはいわゆる自然宗教の崇拝形態を守っている人びとがいる。島の北部ではイスラム教徒の数が急速に増加している。バリの人びとはヒンドゥー教のことを英語では「ヒンドゥー・ダルマ」と呼んでいる。近年、バリ島ではヒンドゥー・ダルマに対する関心が強くなっている。イスラム教に対する対抗心もその原因の一つであろう。

　バリのヒンドゥー教は「アーガマ・ティールタ」というサンスクリットに由来するインドネシア語の名称で呼ばれる。「アーガマ」は「伝えられたもの」すなわち伝統、教義のことである。「ティールタ」とは、一般に河岸の霊場を意味するが、ここでは河岸あるいは井戸から取られた聖なる水のことである。インドネシア語では修飾語(限定語)は被修飾語の後に来るので、「アーガマ・ティールタ」は「聖なる水の教え」を意味する。たしかに、この島でおこなわれているヒンドゥー教の儀礼においては聖水による浄化が主要な役割をはたしている。僧たちは草の

葉をまとめて糸で縛った棒状のものの先を壺にはいった聖水につけ、そこからしたたる水を浄化すべき人や道具にふりかけるのである。

バリのヒンドゥー教はインド亜大陸のヒンドゥー教と大きく異なっている。研究者によってはバリ島のいわゆるヒンドゥー教は「ヒンドゥー教」と呼ぶべきではないとも考えている。ヒンドゥー教はカースト制度を「畑」としており、「畑」のない地域には一般的には育たないのであるが、バリ・ヒンドゥー教の場合にはカースト制度は実質的に機能している。このことなどから結論的にはバリ島のヒンドゥー教は広義の「ヒンドゥー教」の一つの形態であると考えられる。

バリのヒンドゥー教徒のほとんどの人が「低いカースト」に属しているゆえに、バラモン勢力の強いマハーラーシュトラ州のプネー地区におけるようなカースト間の厳しい対立はみられない。しかし、死者儀礼のおこなわれる寺院がカースト別に建てられているという例からも窺うことができるように、バリ島においてカーストの違いが意識されていないわけではない。

ヒンドゥー教の中心思想である輪廻思想はバリの人びとのなかで生きている。ダルマつまり「正義、義務」の実践が来世においてよりよき状態(趣、道)にいたるための条件と考えられている。したがって、業(カルマ)の理論も人びとに一般に受け入れられている。しかしながら、輪廻や業の思想はバリではインドにおけるほど堅固に信じられているわけではないようである。一方、バリにおいては祖霊崇拝および地域神崇拝が強烈に残っており、バリにおける輪廻思想は祖霊崇拝と組み合わさっている。例えば、死者の霊は荼毘や散灰などの儀礼をへて浄化されたのち、生前の家にもどり、「生前のおこないが良ければ元の家族の一員として生まれる」という。

〈バトゥワン寺院〉

バリ州は八つの県に分かれ、各県に52の郡、さらにデサ・アダートと呼ばれる数多くの慣習区に分かれている。「デサ(デーサ)」とはサンスクリットで、村、地区を、「アダート」とはインドネシア語で慣習法を意味する。一つのデサ・アダートは、通常、数百から千の所帯を有するが、それぞれのデサ・アダートには三つのヒンドゥー教寺院(プラ)がある。すなわち、**プラ・デサ**(地区の寺)、**プラ・プサ**(村の中心の寺)および**プラ・ダラム**(死者儀礼のための寺)である。「プラ」とはサンスクリットでは「城壁などに囲まれた町」あるいは町一般を意味するが、バリ島では、「プラ」は町ではなく寺院のことである。

デンパサールから北東に約10kmの地点に、**バトゥワン**と呼ばれるデサ・アダートがある。このデサではプラ・デサとプラ・プサが隣接して建てられており、この二つの寺院と少し離れて、異なったカーストに対処するため三つのプラ・ダラムがある。

バリの寺院の場合、通常「チャンディー・ブンタール」と呼ばれる「門」が入口として用いられる。これは山が縦に割れたような形をしている。この割れ目を通って異界すなわち「聖なる」世界にはいるのである。この形式の門(入口)は今日ジャワにもみられるが、インドやネパールにはみられないゆえに、ジャワから伝えられたのであろう。

バトゥワンのプラ・デサとプラ・プサは東西に約50m、南北に約100mの長方形の

プラ・デサ（地区の寺）、バトゥワン、バリ

「塀〔壁〕に囲まれた寺院（プラ）」のなかに隣接してある。南面ほぼ中央にあるチャンディー・ブンタールの入口よりはいると、プラ・プサの「前の境内」に出る（右図）。「前の境内」の北端中央には「偉大なる門（コリ・アグン）」がある。この「門」は縦に二つに割られていない「山」の形をしており、この門に「観音開き」の扉があるが、通常は閉じられたままである。この扉の奥に神がいると信じられている。この「偉大なる門」に向かって左に「中の境内」への入口、右に出口が設けられている。

〈バリの儀礼〉

このプラ・プサの「前の境内」は奥行き20mほどであるが、一般にここで儀礼はおこなわれない。ただ、満月の祭りなどの大がかりな儀礼の際にはこの「前の境内」に

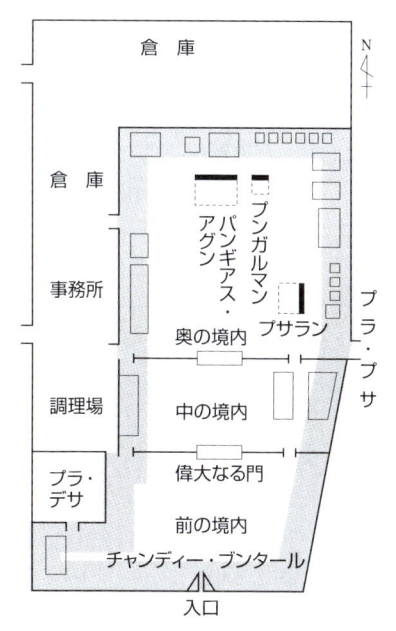

バトゥワン地区のプラ・プサとプラ・デサ

プラ・プサ(〈村の〉中心の寺)の「偉大なる門(コリ・アグン)」、バトゥワン

プラ・プサの「奥の境内」、バトゥワン

竹を柱とした大きな天幕が張られて、儀礼の場となる。「偉大なる門」を左から回り込んで北に進むと、プラ・プサの「中の境内」にはいる。この境内の西の部分には儀礼がおこなわれる際、供物を整えたり、寄付を受け付けたりする建物がある。この境内からさらに北に進むと「奥の境内」にはいることができる。このもっとも奥まった境内にプラ・プサの重要な神殿、社などがあり、バトゥワン村の儀礼のほとんどがこの境内のなかでおこなわれる。三つの領域に区切られたこの寺院全体が身体と相同関係に置かれている。すなわち、「前の境内」をはじめとする三つの領域はそれぞれ「神」の脚、胴、頭といわれる。

バリのヒンドゥー教寺院においておこなわれる儀礼の典型は、神を迎え、神に衣服を改めてもらい、供物を捧げたのち、神が帰るのを見送るというものである。バリにはじつにさまざまな種類の儀礼があるが、そのなかでも大がかりな儀礼では、神々は「プサラン」と呼ばれる建物へと呼び集められる。この建物には屋根はあるが、壁は一面しかなく、バトゥワンのプラ・プサの場合、その東壁の西面にはヴィシュヌ神やガルダ鳥の神話のシーンが描かれている。

プサランに集合した神々は「パンギアス・アグン」と呼ばれる本殿へと導かれる。この建物はプサランよりひとまわり大きく、かなり高い基壇の上に建てられている。この本殿も、プサランの場合と同様に壁は一面しかないが、その北壁の南面にはシヴァ神やヴィシュヌの神話の場面が描かれている。この神殿で神々は「御召替えをする」。その後、神々はこの神殿の東隣りにある社プンガルマンに導かれ、そこで供物を受け取り「それぞれの神がやって来た元の場所に帰る」のである。「ブンガルマン」とは、よい香りをつけられたところを意味し、神々が供物を受け取る社をいう。バリのヒンドゥー教では、神の降りる場所は香りのよいところであるべきだと信じられている。このような香りに対するこだわりは、インドやネパールの寺院にはみられない。

「神がプサランなどの神殿に降りてきたのか否かをバリのヒンドゥー教の僧侶はどのよ

サラスヴァティー（弁天）への供養（プージャー）、プラ・プサ、バトゥワン

遺灰を海に流す儀礼（ムムクル）、サヌール海岸、バリ

うにしてわかるのか」。このようなわたしの質問に対してバトゥワン地区に住むある僧侶は「神が降りてきたときには身体で感じることができる」と答えた。「どのように感じるのか」という問いには「眉間のあたりで感じることができる」という答えが返ってきた。「神が降りてきたときにはしゃっくりに似た声が出るのか」という質問にも「ある」とのことだった。

　このような精神生理学的変化は、シャマニズム的身体技法の残っているところであれば普通に観察できることがあるが、バリ島では今日も憑依状態になる人びとは多く、そのような人びとによる病気治療、占いなどがさかんにおこなわれている。シャマニズムは、狭義にはシベリア地域のシャーマンたちの宗教形態をさすのであるが、憑依や脱魂などの神がかり状態になった者たちを中心とする宗教形態を「広義のシャマニズム」と呼ぶことができる。シャマニズムをこのように考えるならば、バリにはシャマニズムが強く生き残っているといえよう。

　神々の集合所としてのプサラン、御召替えのための神殿パンギアス・アグンそして供物を受け取るための社ブンガルマンという三つの社のシステムは、バトゥワンの寺においてのみみられるのではなく、バリのプラ・プサには一般にみられる。このシステムはジャワから12、13世紀に伝えられたといわれる。今日のジャワにはもはやそのシステムは残っていないであろう。

〈祖先の霊を迎える祭り〉

　バリ・ヒンドゥー教の1年は6カ月であり、1カ月は35日である。この暦によってほとんどの宗教儀礼がおこなわれる。バリの正月、つまり1月の中旬には、ガルンガン祭がある。この祭りでは先祖の魂をそれぞれの家に迎え入れてもてなし、下旬には祖霊たちを見送るクニンガン祭がおこなわれる。この祭りは主としてそれぞれ家庭のなかでおこなわれるものではあるが、ガルンガンの日に人びとはプラ・プサに供物を持って集まり、僧侶が祖霊を迎える儀礼をしたのち、僧侶たちから聖なる水（ティールタ）を頭にふりかけてもらう。

6　東南アジア諸国のヒンドゥー教

プラ・プサなどの寺院では、その寺院建立記念のための祭り(オダラン)、太陽暦の9月中旬におこなわれるサラスヴァティー・プージャー(弁財天の供養祭)などがおこなわれている。バトゥワン村の「中心の寺(プラ・プサ)」に隣接して「地区の寺(プラ・デサ)」があると述べたが、実際には、プラ・プサの「前の境内」の一角にプラ・デサは設けられている。プラ・プサと較べるならば、はるかに小さく、約15m四方の塀で囲まれた境内(プラ)の中央には、「地域の神(ラトゥ・デサ)」のための「よい香りをつけられたところ(ブンガルマン)」がある。この社がプラ・デサの中心となる社であるが、幅、奥行きともに1.5mほどの小さな建物である。社の北面にのみ版壁があり、その板の正面つまり南に向かってブラフマー神の絵があり、裏面すなわち北に向かってブラフマー神の妃サラスヴァティーが描かれている。この社では地域の神への供物が捧げられる。

プラ・デサでは、「よい香りのする社」のほかにこの寺院を悪霊から守る神の社、この地域の者たちの祖先がかつて住んだ地域から訪れた神の宿としての社などがある。ようするにプラ・デサは地域全体の神を祠っているのである。

〈死者儀礼の寺院〉

バトゥワン村にはプラ・プサとプラ・デサのほかに、**プラ・ダラム**があるが、すでに述べたように、この寺院は主として死者儀礼のための寺である。バトゥワン村には、異なるカーストの人びとに対応するため三つのプラ・ダラムがある。プラ・プサとプラ・デサが隣接して建てられることはしばしばあるが、プラ・ダラムは通常、プラ・プサから離れた町はずれにある。この寺院の隣には巨大なバニヤン樹(榕樹)が植えてあり、その根元に布でくるまれた遺体が荼毘に付されるまでのあいだ埋められていることが多い。経済的条件が整ったときに、火葬(ガベン)がおこなわれ、遺灰の一部はココナッツの実の皮の容器(ブクル)に入れられ、しばらくのあいだそれぞれの家に保管される。やがて、海岸や川岸にかの遺灰を流す儀礼(ムムクル)が地区ごとにおこなわれるのである。

プラ・ダラムにはプラ・プサとは明らかに異なる雰囲気があり、バリ人のタクシー運転手もこの寺院を遠巻きにして見守るのみで、境内を案内してくれることはまずない。遺体がプラ・ダラムの建物のなかに持ち込まれることはなく、遺体が安置される建物がプラ・ダラムの近くに建てられている。

プラ・デサ、プラ・プサ、プラ・ダラムの三つの寺院はそれぞれブラフマー、ヴィシュ

ドゥルガーの化身とされる魔女ランダ、スカルウィ、バリ

ヌ、シヴァを祀る寺院と考えられている。またバリのヒンドゥー教においては、インドにおけると同様、これら3主要神は三位一体なのである。これら三つの寺院が「神の三つの身体」であるとともに、三つにして一つである「神の部位」である。このような意味で三つの寺院それぞれが「〔神の〕三つの身体の部位(トリ・カーヤ・アンガム)」と呼ばれている。

たしかに、プラ・デサの中心の社にはブラフマー神の絵が描かれており、プラ・プサにはヴィシュヌ神や彼の乗物であるガルダ鳥の絵がみられる。また、シヴァは破壊の神であり、死体を火によって破壊するという意味で、プラ・ダラムはシヴァを祀る寺院といわれる。しかしながら、これら三つの寺院とヒンドゥー教3主要神とは実質的な呼応関係はない。元来はヒンドゥー教とは異なる「ジャワ・バリの宗教的伝統」のうえにインドから伝えられたヒンドゥー教という巨大な「文化の天蓋」がかざされたのである。

遺灰をおさめた容器、サヌール海岸、バリ

プラ・ダラム、バトゥワン、バリ

あとがき

　わたしは1975年以来、しばしばインドのマハーラーシュトラ州のプネー（旧名プーナ）を訪れることができた。この町のヒンドゥー教において、インド全域に知られている「大いなる伝統」と特定の地域のみに知られる「小さな伝統」の二つが存在することが観察できた。また「小さな伝統」には「大いなる伝統」と「仲の良い」場合と「仲の悪い」場合があることもわかった。「仲の良い」伝統の神は「大いなる伝統」の神と同一視された。例えば、元来は特定の地域の神であったヴィッタルはヒンドゥー教の主要神ヴィシュヌと同一視された。一方、「仲の悪い」伝統に属するマソーバー神への崇拝は「大いなる伝統」と同化することなく今日にいたっている。

　従来のヒンドゥー教研究では「大いなる伝統と仲の悪い伝統」はほとんどとりあげられなかった。しかし、これからはこのヒンドゥー教のなかの異端の研究も重要となろう。本書ではこの方面の考察を、充分ではないが含めることに心がけた。

　ヒンドゥー教はインド大陸を越えて東南アジアの諸国に伝播した。ミャンマー、タイ、カンボジア、ラオス、ベトナム、さらにはインドネシアにおいて12、3世紀まではかなりの勢力を有していた。今日、バリにはインド大陸のヒンドゥー教とは異なっているとはいえ、明らかにヒンドゥー教と呼ぶべき形態が残っている。バリ人たちは「ヒンドゥー・ダルマ」と呼んでいる。またベトナムにもかつてのヒンドゥー系王国チャムの伝統の残っていることが報告されている。

　先ほど述べた「大いなる伝統と仲の悪い伝統」はヒンドゥー教に含めるべきではないという考え方もある。しかし、わたしはバリ島の「ヒンドゥー・ダルマ」も「仲の悪い小さな伝統」もヒンドゥー教のなかに含めて考えるべきであると考えており、本書もそのような考え方を踏まえている。

　カンボジア、ジャワ島などにおいて栄えていたヒンドゥー文化はほとんど消滅している。しかし、今日、「ヒンドゥー教とは何か」を考える場合、かつての東南アジア諸国にみられたヒンドゥー文化をも考慮に入れてヒンドゥー教史を考えるべきであろう。

　『シヴァと女神たち』（山川出版社、2002年）の場合と同様、本書も写真家大村次郷氏の熱意から生まれた。もっぱらわたしの方の事情で当初の計画から出版が遅れてしまった。本書の出版のためにお世話いただいた方がたに厚く御礼申しあげる。

2009年1月17日

立川武蔵

■主要参考文献

H.ツィンマー（宮本啓一訳）『インド・アート──神話と象徴』（アジア文化叢書）せりか書房　1988
G.セデス（辛島昇・内田晶子・桜井由躬雄訳）『インドシナ文明史』みすず書房　1969
L.ルヌー（渡辺照宏・美田稔訳）『インド教』（文庫クセジュ）白水社　1960
M.ヴィンテルニッツ（中野義照訳）『叙事詩とプラーナ』（インド文献史2）日本印度学会　1965
P.マッソン・ウルセル、L.モラン（美田稔訳）『インドの神話』みすず書房　1959
M.エリアーデ（立川武蔵訳）『ヨーガ』1・2（エリアーデ著作集9・10）せりか書房　1975
R.G.バンダルカル（島岩・池田健太郎訳）『ヒンドゥー教──ヴィシュヌとシヴァの宗教』せりか書房　1984
荒松雄『ヒンドゥー教とイスラム教──南アジア史における宗教と社会』（岩波新書）岩波書店　1977
石井溥・大村次郷（写真）『ヒマラヤの「正倉院」──カトマンズ盆地の今』（ヒストリア15）山川出版社　2003
石澤良昭・大村次郷（写真）『アンコールからのメッセージ』（ヒストリア4）山川出版社　2002
井原徹山『印度教』大東出版社　1943
上村勝彦『インド神話』東京書籍　1980
上村勝彦『バガヴァッド・ギーターの世界──ヒンドゥー教の救済』日本放送出版協会　1998
上杉勝彦『マハーバーラタ1〜8』（ちくま学芸文庫）筑摩書房　2002・03・05
辛島昇・坂田貞二編、大村次郷（写真）『南インド』（世界歴史の旅）山川出版社　1999
辛島昇編『南アジア史』（新版世界各国史7）山川出版社　2004
辛島昇編『南アジア史3』（世界歴史大系）山川出版社　2007
佐伯和彦『ネパール全史』（世界歴史叢書）明石書店　2003
坂井尚夫『インドの宗教』山喜房仏書林　1956
佐藤宗太郎『エローラ石窟寺院』佐鳥出版　1977
重枝豊・桃木至朗編『チャンパ王国の遺跡と文化』トヨタ財団　1994
菅沼晃『ヒンドゥー教──その現象と思想』（東洋人の行動と思想4）評論社　1976
鈴木一郎『仏教とヒンドゥ教』（レグルス文庫）第三文明社　1975
立川武蔵『女神たちのインド』せりか書房　1990
立川武蔵・大村次郷（写真）『アジャンタとエローラ──インドデカン高原の岩窟寺院と壁画』（アジアをゆく）集英社　2000
立川武蔵・大村次郷（写真）『シヴァと女神たち』（ヒストリア10）山川出版社　2002
立川武蔵『ヒンドゥー神話の神々』せりか書房　2008
チャン・キィ・フォン、重枝豊『チャンパ遺跡──海に向かって立つ』連合出版　1997
辻直四郎編『印度』（南方民族叢書5）偕成社　1942
辻直四郎『バガヴァッド・ギーター──古代印度宗教詩』刀江書院　1950
辻直四郎『インド文明の曙──ヴェーダとウパニシャッド』（岩波新書）岩波書店　1967

辻直四郎『リグ・ヴェーダ讃歌集』(岩波文庫) 岩波書店　1970
辻直四郎『古代インドの説話——ブラーフマナ文献より』春秋社　1978
中村元『インド思想史』(第2版、岩波全書) 岩波書店　1968
中村元『ヒンドゥー教史』(世界宗教史叢書6) 山川出版社　1979
服部正明『古代インドの神秘思想——初期ウパニシャッドの世界』(講談社現代新書) 講談社　1979
山崎利男『神秘と現実——ヒンドゥー教』(世界の宗教6) 淡交社　1969
山本達郎編『インド史』(世界各国史10〈旧版〉) 山川出版社　1960
吉田禎吾監修、河野亮仙・中村潔編『神々の島バリ——バリ＝ヒンドゥーの儀礼と芸能』春秋社　1994
渡瀬信之『マヌ法典——ヒンドゥー教世界の原型』(中公新書) 中央公論社　1990

■索引

●ア行

アイホーレ	92, 93
アウランガバード	70, 81
アジャンタ石窟	63, 70, 71, 87
アッサム地方	56
アンコール遺跡	23, 105～108
アンコール・トム	107, 108
アンコール・ワット	23, 105, 107, 108
クバル・スピアン渓谷	106
タ・プローム	108
バイヨン	108
バンテアイ・スレイ	107
プラサット・クラヴァン	108
プリヤ・カーン	107, 108
ヤショーダレーシュヴァラ寺院	106
ロレイ寺院	106
アンドラ地方	86
イラワジ河	101
インダス河	7, 36
インドネシア	24, 64, 101, 111
ヴァーラーナシー	5, 19, 48～52
ヴィクラマシーラ僧院(ダッカ)	78
ヴィジャヤナガル	86
ヴィシュヴァナート寺院(ヴァーラーナシー)	19
ヴィルーパークシャ寺院(パットダカル)	16
ヴェーンギー	86
ウッジャイン	38, 67～69
エーカーンバレーシュヴァラ寺院(カーンチープラム)	89, 90
エレファンタ・エレファンタ石窟	17, 41
エローラ石窟	13, 17, 38, 46, 63, 70～78, 87, 92
カイラーサ・ナータ寺院(エローラ石窟第16窟)	13, 37, 71, 72, 78
エローラ村	70, 74, 78～80
オケオ遺跡(ベトナム)	103
オリッサ	58, 60, 61, 63, 64

●カ行

海岸寺院(マハーバリプラム)	87, 88
カイラーサ山	36, 37, 38, 44, 53, 56, 71, 72, 77, 91
ガウリー・シャンカル	36
カティエン遺跡(ベトナム)	104
カトマンドゥ(市, 盆地)	16, 33, 36, 60, 71, 80, 94～99
カトマンドゥ旧王宮	95, 98
カニャークマーリー(コモリン岬)	93
ガネーシュ・ヒマール	36
カパーレーシュヴァラ寺院(チェンナイ)	90, 91
カーリー・ガート(コルカタ)	57
カーリー寺院(コルカタ)	57
カルナータカ(州)	15, 16, 62, 86
カルラー石窟(プネー近郊)	71, 87
ガンガーサーガル	58, 93
ガンジス河(ガンガー)	5, 10, 18, 32, 36, 48～54, 56, 58, 68, 93
ガンダキ地方	95
カーンチープラム(カーンチー)	86, 89, 90
カンボジア	21～23, 101, 105～108, 110
クリシュナ寺院(パタン)	100
グリシュネーシュヴァル寺院(エローラ村)	78, 79
クンベーシュヴァル寺院(パタン)	94, 95, 99
五河(パンジャブ)地方	8, 11, 48
コナーラク	62, 63
コモリン岬→カニャークマーリー	
コルカタ(カルカッタ)	18, 56, 57, 61

●サ行

サヌール海岸(バリ)	115, 117
シヴァージー・ナガル(プネー)	81
シェムリアップ	107
ジャガンナート寺院(プリー)	61
ジャワ(島)	21, 22, 24, 101, 106, 111, 112, 117
ジョグラン・ヒンドゥー教寺院(インドネシア)	24
スメール山(メール山, 須弥山)	22, 37, 43
スリランカ	38
スルタンケーシュヴァル寺院(ヴァーラーナシー)	51
スンダリ・チョーク(パタン)	100
ソーメーシュヴァル寺院(プネー)	25, 28, 29

●タ行

タイ	21, 22, 101, 105, 109, 110
太陽神殿(コナーラク)	62, 63
ダクシネーシュヴァリー寺院(コルカタ)	18, 57, 59
ダシャ・アシュヴァメーダ・ガート(ヴァーラーナシー)	49
ダッカ	78
ダッタ寺院(バクタプール)	100
ダナン	22, 103
タマ・アユン寺院(バリ)	22
タミル地方	86
タミルナードゥ(州)	60, 90, 91
タレジュ寺院(カトマンドゥ旧王宮)	98, 100
タレジュ寺院(バクタプール旧王宮)	100
タレジュ寺院(パタン旧王宮)	100
チェンナイ	87, 89～91
チャオプラヤ河(メナム河)	101
チャトゥフ・シュリンギー寺院(プネー)	8, 81～85
チャング・ナラヤンの丘	95
チャング・ナラヤン寺院(カトマンドゥ)	16
チャンドラギリ	86
ツァンポ河	56
デカン・カレッジ	81
デカン高原, 地方	48, 86

デリー	18, 57, 78, 94
デンパサール	112
ドゥルガ寺院(アイホーレ)	93
トゥルザーブル	99
トゥルシー・バーグ寺院(プネー)	82
トリヴェニ・ガート(リシケーシ)	32, 55

● ナ行

ナクサール・バガヴァティー寺院(カトマンドゥ)	98
ナーシク	8, 69, 82
ネパール	12, 21, 33, 36, 53, 60, 79, 80, 94～100, 112, 114

● ハ行

バイパス河	90
バクタプール	95, 98, 100
バージャー石窟(プネー)	9
パシュパティナート寺院(カトマンドゥ)	33, 96, 97
バーダーミ	86, 92
パタン	80, 94, 95, 98～100
パタン旧王宮	80, 94, 96, 98
パットダカル	16
バトゥワン(寺院)	112～114, 116
パトナ	96
バリ(島)	12, 21, 22, 24, 64, 101, 106, 111～117
ハリ・キ・パエディ(ハリドワール)	53
ハリドワール/ハルドワール	10, 17, 30, 33, 36, 51～54, 69
パンギアス・アグン(バリ)	114, 115
バンコク	21, 94, 107, 109, 110
バンダルカル東洋学研究所	82
バンダルプール	82
パンチャ・ラタ(五つの山車,マハーバリプラム)	87, 88
ハンピ(ヴィジャヤナガル)	15, 86
ヒマーラヤ山脈	18, 36, 40, 41, 43, 44, 48, 53, 56, 94, 96, 103
フーグリ河	18, 56, 57
プサラン(バリ)	114, 115
ブータン	36, 56
プネー(プーナ)	8, 9, 20, 25, 28, 70, 71, 81～85, 87, 112
プネー大学	82
ブバネーシュヴァル	61, 63, 64, 66
プラ・ダラム(死者儀礼のための寺,バリ)	112, 116, 117
プラ・デサ(地区の寺,バリ)	112, 113, 115～117
プラ・プサ(村の中心の寺,バリ)	112～117
ブラフマプトラ河	56
プラ・マハ・タート寺院(タイ)	110
プリー	61, 62
ブンガルマン(バリ)	114～116

ベトナム	21, 22, 101, 103～106, 110
ベナーレス──ヴァーラーナシー	
ベスコンダ	86
ベルマート寺院(コルカタ)	18
ベンガル(州)	56, 58, 59, 60

● マ行

マディヤ・プラデーシュ(州)	67
マトゥラー地方	11
マドゥライ	90～92
マハーバリプラム	86～88
マハーラーシュトラ(州)	8, 59～63, 78, 81, 82, 99, 112
マレーシア	101
ミソン遺跡(ベトナム)	22, 103～105
ミーナークシー・スンダレーシュヴァラ寺院(マドゥライ)	90～92
ミャンマー	101
ムクテーシュヴァル寺院(ブバネーシュヴァル)	64～66, 92
ムール・チョーク(根本回廊寺院,パタン旧王宮)	96, 98, 100
ムンバイ	56, 70, 81
メコン河	101, 105

● ラ行

ラオス	21, 22, 101, 105
ラダック	36, 56
ラドゥカーン寺院(アイホーレ)	92
ラーマクリシュナ・ミッション礼拝堂(コルカタ)	56, 57
ランタン	36
リシケーシ	10, 11, 32, 36, 54, 55
リンガラージャ寺院(ブバネーシュヴァル)	63～65

● ワ行

ワット・プラシー・マハー・ウマーデーウィー(バンコク)	21

執筆者紹介

立川　武蔵　　たちかわ　むさし

1942年生。名古屋大学文学部卒業。
現在、愛知学院大学文学部教授、国立民族学博物館名誉教授。
主要著書：『女神たちのインド』（せりか書房　1990）『中論の思想』（法藏館　1994））『シヴァと女神たち』（大村次郷写真、山川出版社　2002）『ヒンドゥー教巡礼』（集英社　2005）『ブッディスト・セオロジーⅠ-Ⅴ』（講談社　2006-08）『ヒンドゥー神話の神々』（せりか書房　2008）

大村　次郷　　おおむら　つぐさと

1941年生。多摩芸術学園写真科及び青山学院大学卒業。写真家・濱谷浩氏に師事。
主にオリエント、インド、中国、トルコなどを中心にフォト・ルポルタージュを手掛ける。NHKドキュメンタリー番組「シルクロード」その他のスチールを担当。
主要著書：『新アジア漫遊』（朝日新聞社　1994）『世界歴史の旅　北インド・南インド』（辛島昇・坂田貞二編、山川出版社　1999）『シリーズ　アジアをゆく　海のシルクロード』（辛島昇著、集英社　2000）『アジャンタ壁画』（高田修監修、日本放送出版協会　2000）

世界歴史の旅　ヒンドゥーの聖地
せかいれきしのたび　　　　　　　せいち

2009年3月10日　1版1刷　印刷
2009年3月15日　1版1刷　発行

著　者　立川　武蔵・大村　次郷
　　　　たちかわ　むさし　おおむら　つぐさと

発行者　野澤伸平

発行所　株式会社　山川出版社
　　　　〒101-0047　東京都千代田区内神田1-13-13
　　　　電話　03（3293）8131（営業）　8134（編集）
　　　　http://www.yamakawa.co.jp/
　　　　振替　00120-9-43993

印刷・製本　アベイズム株式会社
装　幀　菊地信義
本文レイアウト　佐藤裕久

©Musashi Tachikawa 2009 Printed in Japan　ISBN 978-4-634-63340-7

●造本には十分注意しておりますが，万一，乱丁本などがございましたら，小社営業部宛にお送りください。送料小社負担にてお取り替えいたします。
●定価はカバーに表示してあります。

シリーズ　世界歴史の旅

知を求めて旅をする…
世界各地を、国、地域、もしくはテーマごとにまとめた本格的歴史ガイドブック。じっくりと歴史の旅を味わえる、格好のシリーズ。

A5判　2415円〜2940円(税込)

フランス・ロマネスク	饗庭孝男 著・写真
北インド	辛島 昇／坂田貞二 編　大村次郷 写真
南インド	辛島 昇／坂田貞二 編　大村次郷 写真
トルコ	大村幸弘 著　大村次郷 写真
ドイツ【古都と古城と聖堂】	魚住昌良 著
スコットランド	富田理恵 著
スペイン	関 哲行 編　中山 瞭 写真
ギリシア	周藤芳幸 編
パリ【建築と都市】	福井憲彦／稲葉宏爾 著・写真
スイス【中世都市の旅】	森田安一 著
ビザンティン	益田朋幸 著
三国志の舞台	渡邉義浩／田中靖彦 著
フランス1【ロワール流域から北へ】	福井憲彦／稲葉宏爾 著・写真
中国古代文明	鶴間和幸／黄曉芬 著
イタリア・バロック【美術と建築】	宮下規久朗 著